Meinem Sohn Thomas und seiner Frau Silke
zu ihrem Hochzeitstag am 15. März 2008

gewidmet

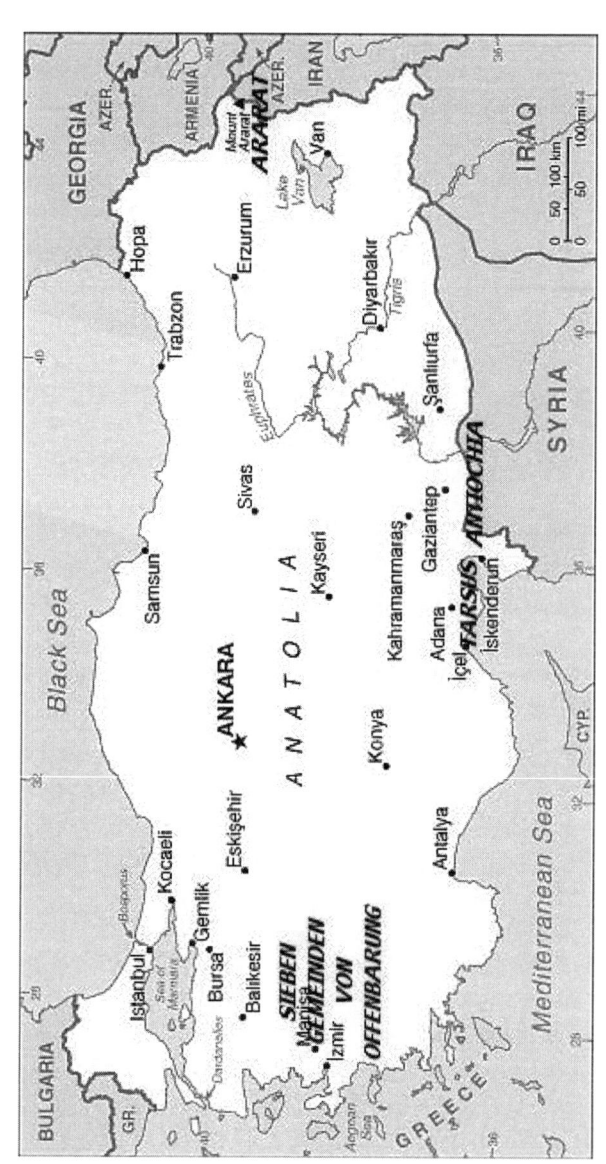

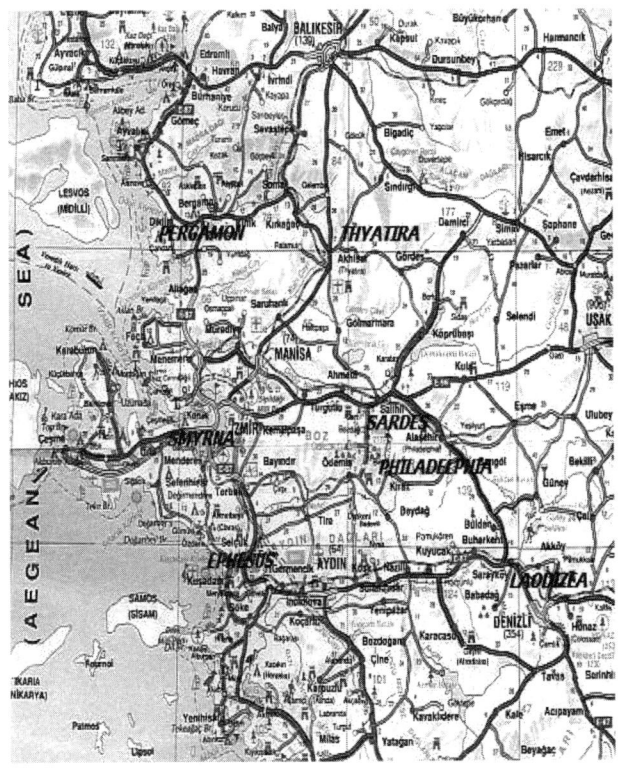

EINFÜHRUNG

Dieses Buch bietet wichtige Informationen über die lebendigen Werke des Gottes der Bibel, aus der Offenbarung an Johannes, im Zusammenhang mit meiner Reise zu den Sieben Gemeinden.

Gottes Wort wirkt überall – das hängt davon ab, wie offen wir dafür sind! Dennoch sind wir an den Originalplätzen der biblischen Ereignisse leichter offen, williger und tatsächlich aktiver.

Der Zweck dieses Buches ist es, im Leser ein größeres Interesse für die in der Bibel beschriebenen Orte zu wecken und sie möglicherweise zu besuchen (vielleicht mit dem Fahrrad).

Ich stelle einige geschichtliche Tatsachen, betreffend ihres Einflusses und ihrer Bedeutung für die Gegenwart vor, zusätzlich schließe ich meine Eindrücke über einige ausgewählte geschichtliche Ereignisse und Menschen ein, die ebenfalls mit dieser Reise zusammenhängen. Eine allgemeine Beschreibung geschichtlicher Tatsachen, chronologischer Aufstellungen und Originalmaterialien finden Interessierte in der Fachliteratur.

Der zweite Band[1] wird eine Sammlung von Predigten über die Sendschreiben an die Sieben Gemeinden und die Bücher des Neuen Testaments, die direkt mit diesen Gemeinden in Zusammenhang stehen, sein. Das Hauptthema der Sendschreiben an die Sieben Gemeinden ist die Warnung an Christen vor Vermischung weltlicher Einflüsse mit biblischen Prinzipien. Diese Warnung wird in jedem Sendschreiben betont und ist sehr aktuell.

Kurz nach Beendigung dieses Buches begann ich meine nächste Fahrradtour in den Fußstapfen der beiden Geburtsstätten (körperlichen und geistlichen) des Paulus: von Tarsus in der Türkei, durch Syrien, den Libanon und wieder in Syrien nach Damaskus. So Gott will, werde ich mein nächstes Buch über diese Reise schreiben.[2]

---

[1] in Vorbereitung
[2] schon erhältlich auf Polnisch und Englisch

Kapitel

1

Sieben Goldene Leuchter

In meinen frühen Jahren als Pastor und Evangelist, wurde ich in verschiedene Gemeinden eingeladen. Natürlich haben Prediger für solche Gelegenheiten ihre bevorzugten Predigten. Meine Lieblingspredigt war „Die Goldenen Leuchter", basierend auf Offenbarung 1:9-12. Ich predigte darüber über 50 mal. Ich begann mit einer Darstellung innerhalb des Zusammenhangs des Abschnittes, wo Johannes (im Exil auf der kleinen Insel Patmos) eine mächtige Offenbarung von Gott erhielt. Danach stellte ich eine Frage: Was sah Johannes als erstes? Ich hatte als Belohnung für die richtige Antwort kleine Preise vorbereitet; dies diente als Ermutigung, die Bibel zu lesen. Ich muss bekennen, dass es sehr wenige richtige Antworten gab. Die meisten Menschen antworteten, dass Johannes zuerst Jesus sah, doch das stimmt nicht: Das erste Bild seiner Vision waren sieben goldene Leuchter – dies war symbolisch, und gleichzeitig handelt es sich um echte Gemeinden.

Menorah

Ich diente gerne mit dieser Botschaft, denn sie betont den Sinn und Wert der Gemeinde Jesu – Leuchter. Aber ich hielt mich nicht mit den Einzelheiten der sieben Gemeinden, die in den folgenden zwei Kapiteln beschrieben werden, auf. Natürlich war mir die Botschaft dieser Sendschreiben bekannt, doch ihre Existenz und ihre geografische Lage interessierten mich nicht sehr.

Ich wusste über Ephesus Bescheid, denn dies war eine bekannte Gemeinde mit einem eigenen Sendschreiben im Kanon des Neuen Testaments, was auch in der Offenbarung erwähnt wird, wie auch wiederholt im Buch der Apostelgeschichte. Laodizea war ebenfalls bekannt und zwar durch das Bild: Jesus steht an der Türe und klopft an, und wird im Sendschreiben an die Kolosser 4:15–16[3] erwähnt. Doch wo liegen Ephesus und Laodizea geografisch, und wie sehen sie heute aus? Und Smyrna, Pergamon, Thyatira, Sardes und Philadelphia? Diese Namen wurden mehr mit etwas Abstraktem und Entferntem in Zusammenhang gebracht als mit echten Gemeinden.

Sonderbare Wege führten mich an diese Orte! Ende 2000 befand ich mich in einer äußerst schwierigen Lage. Ich war auf die Straße gesetzt worden, theoretisch hatte ich noch alles, aber praktisch besaß ich nichts. Um zu meinem 10 km entfernten Arbeitsplatz zu gelangen, kaufte ich mir ein Fahrrad. Alles was ich besaß, waren ein teilweise kaputter Computer und ganz wenig Kleidung. Ich hatte von den Menschen viel Leid und Rebellion erfahren. Nur Gott kannte meinen Schmerz und meine fast 90-jährige Mutter, die mir solange es nötig war, Unterkunft bot. Geistlich war ich schwach und geistig einem Zusammenbruch nahe. Es war ein Wunder, dass ich ziemlich normal arbeiten konnte. Im Frühjahr 2001 wurde mir klar: Egal was es kostet, ich musste aus diesem ‚Durcheinander' heraus und Urlaub machen. Die große Frage war: Wohin sollte ich? Ich surfte durchs Internet und suchte unter ‚Last Minute Angebote' nach passenden Möglichkeiten. Ich beschloss, mit meinem Fahrrad nach Malta zu reisen, kaufte einige Reiseführer,

---

[3] *„Grüßt die Brüder, die in Laodizea sind..."* Kolossai ist ca. 20 km von Laodizea entfernt

las sie durch und bereitete mich auf diese Reise vor. Doch als ich dieses Angebot bezahlen wollte, stellte sich heraus: Es war zu spät.

„Natürlich" – fasste ich sarkastisch zusammen, „das ist bezeichnend für meine Lebenslage: nichts funktioniert!"

Jedenfalls musste ich Urlaub machen! Egal wo, sogar in der Türkei![4]

Plötzlich fügte sich alles bestens zusammen. Ich wählte ein Internetangebot aus, bezahlte es und reiste nach Bodrum. Die Wahl war perfekt! Urlaub im Mai sah von allen Seiten gut aus! Ich bekam auch bezüglich der Türkei im Vergleich zu meinen bisherigen Ansichten eine neue Überzeugung. In Bodrum hörte ich Schlagworte wie: ‚Biblische Orte in der Türkei', ‚Tour zu den Sieben Gemeinden' usw., die meine Ohren, meine Augen und mein Herz berührten. Die Tourismvermittler auf der Straße zeigten mir einige interessante Dinge. Ich fand heraus, dass die Sieben Gemeinden aus der Offenbarung nicht irgendwo im Niemandsland liegen, sondern in der heutigen Türkei, in Westanatolien und eigentlich nicht so weit entfernt von meinem Urlaubsort. Das ‚kitzelte' meine Ohren. Ich erinnerte mich wieder an meine Predigt über die goldenen Leuchter. Doch jetzt begannen diese Leuchter-Gemeinden zu leuchten und hell zu scheinen.

---

[4] ein Teil der Gesellschaft in der ich lebe, hat einige Vorurteile gegen die (und Ferien in der) Türkei

Kapitel

2

Eine Formulierung

Einige Wochen nach der Rückkehr von meinem Urlaub im Mai, las ich in einem Abschnitt über Jesus in Bezug auf die Sieben Gemeinden im Buch der Offenbarung. Eine Formulierung berührte mich: *„der Eine, der wandelt"*[5]; nicht früher, nicht später, sondern jetzt. Die Gegenwart, die beständige Gegenwart Jesu'! Natürlich schrieb Johannes über das, was er in seiner Zeit sah, trotzdem war dieser Bezug zur Gegenwart sehr interessant für mich. Ich fing an zu glauben, dass man in der richtigen Haltung etwas Besonderes und Ungewöhnliches mit Gott erfahren kann. Mehr noch, während meiner ersten Reise in die Türkei hatte ich schon mit der geistlichen Gegenwart Jesu' Erfahrungen gemacht.

Hier müssen wir eine theologische Bemerkung machen. Ich denke, für manche Leser ist es nicht so verständlich, dass Jesus vor 2000

---

[5] Offenbarung 2:1

Jahren auf Erden lebte und jetzt an einigen Orten ‚wandelt‘.

Ich will versuchen, dies zu erklären.

Jesus ist mehr als ein Mensch aus Fleisch und Blut. Natürlich war und ist sein menschlicher Leib nicht in Frage zu stellen und da mangelt es auch nicht an Verständnis. Auch der Islam – die Hauptreligion in der Türkei – akzeptiert Jesus (Îsâ) als Mensch. Der Koran bezeichnet Ihn als großen Propheten[6], und die Hadith[7] schreibt über Seine asketische Lebensweise. Islam anerkennt das Evangelium als heilig, aber gibt ein fehlerhaftes und falsches Bild von Jesus[8].

Und das ist nicht nur im Islam so. Die meisten Christen wissen nicht, wer Jesus ist, und das ist schade!

Interessant ist, dass die ‚Kirchenväter‘ über Jesu Wesen, Seinen Charakter während des dritten Konzils im Jahre 431 in Ephesus – eine der Sieben Gemeinden – diskutierten. Neben der Einsetzung des Kultes von Maria als ‚Muttergottes‘, kamen sie zu dem Schluss, dass Jesus eine Person in zwei Wesen ist, göttlich und menschlich. Wahrscheinlich ging es auf dieser Konferenz sehr ‚heiß‘ her, denn Nestorius, der Patriarch von Konstantinopel, wurde ins Exil verbannt, weil er Jesu' Göttlichkeit bestritt.

---

[6] Sure 19,3
[7] Traditionen; Aussprüche, Taten und Gedanken Mohammeds
[8] nach "Islam and Christian Witness" („Islam und Christliches Zeugnis"), Martin Goldsmith; sehr empfehlenswertes Buch

Doch wir müssen dem Konzilsbeschluss, dass Jesus der verkörperte[9] Gott ist, zustimmen.[10]

Denken wir an Ruinen, z.B. das Mausoleum des Halikarnassos (heute Bodrum), eines der sieben Wunder der antiken Welt[11]. Besucher sehen nur einige Überbleibsel, doch Historiker und Archäologen haben das gesamte Bild des Mausoleums auf dieser Basis rekonstruiert.

Ähnlich sieht der Durchschnittschrist (‚Besucher') die menschliche Seite Jesu', doch engagierte Christen sehen viel mehr in Ihm: Seine Göttlichkeit!

Pamukkale

---

[9] Er erhielt einen menschlichen Körper

[10] übrigens; es war nicht nötig, Nestorius wegen falschen Verständnisses ins Exil zu schicken; doch es gab noch andere Zeiten

[11] Stadt Halikarnassos wurde vom karianischen Regenten Mausolos (377–353 vor Chr.) erbaut. Wir haben das Wort ‚Mausoleum' nach seinem Namen; und das Mausoleum in Halikarnassos war eine Riesenkonstruktion (wahrscheinlich 55 m hoch), wogegen wir heute nur noch Reste des Fundamentes haben. Die archäologischen Ausgrabungen wurden von dänischen Archäologen ausgeführt.

Ja, Jesus ist niemand anderer als der allmächtige Gott[12], der sah, wie die Menschen mit ihren Schwächen und Nöten kämpften und sich doch nach der Ewigkeit sehnen; also wurde er ein menschliches Wesen[13], um den Weg zu zeigen und Rettung anzubieten. Schließlich ist es ja für den allmächtigen Gott kein Problem, gleichzeitig im Himmel und im Fleisch (als Mensch-Jesus) auf der Erde zu sein! Auf die gleiche Weise ist es für Ihn auch kein Problem, gegenwärtig (heute) in einem geistlichen Sinn auf Erden zu sein![14]

Wir finden in Johannes 14:16–20[15] einen sehr empfehlenswerten Bibelabschnitt, der dies klar erklärt.

Die Gegenwart von Gott dem Vater-Sohn-Geist hier auf Erden ist weder allegorisch noch symbolisch von der Art her, sondern echte Wirklichkeit. Wenn wir Bibelstellen wie Offenbarung 2:1 lesen – dass Jesus an einem Ort ‚wandelt‘, dann können wir daraus schließen, dass dies eine besondere Bedeutung hat.

Ich bin da ganz sicher, denn während meines ersten Besuches in der Türkei hatte ich das Vorrecht, das zu erfahren. Ich teile Ihnen mit, wie das geschah.

---

[12] 1. Joh. 5:20c: *„Er (Jesus) ist der wahre Gott und das ewige Leben.“*

[13] Phil. 2:5 ffg.: Jesus existierte *„in der Gestalt Gottes … in der Gestalt wie ein Mensch befunden.“*

[14] Joh. 4:24: *„Gott ist Geist.“*

[15] Jesus sagt: Der Vater *„wird euch einen anderen Helfer geben, damit er für immer mit euch sei, das ist der Geist der Wahrheit … Ich werde euch nicht als Waisen zurücklassen; Ich werde zu euch kommen … Ich bin im Vater, und ihr seid in Mir, und Ich in euch.“*

Kapitel

3

Gott hat mich berührt

Im Mai 2001 besuchte ich zwei in der Offenbarung beschriebene Orte: Laodizea und Ephesus.

Bei Laodizea war das ganz spontan. Es gibt in den Hotels, ebenso auf den Straßen verschiedene Reisebüros, die interessante Touren anbieten. Die Preise sind jedoch nicht interessant. Oh nein, ich gebe nicht vor, übermäßig sparsam oder knauserig zu sein. Bei mir ergibt die weise und zweckdienliche Verwendung des Geldes einen Sinn, jedoch nicht für verschwenderische Darbietungen. Daher entschloss ich mich, nachdem ich die passende Information erhalten hatte, mit dem Linienbus nach Pamukkale[16] zu fahren. In der Türkei sind Busfahrten sehr gut organisiert und billig. Trotz des Regens verbrachte ich fünf Stunden auf dieser Reise damit, die bergige Landschaft zu beobachten und die Landkarte zu studieren; ich verglich beides mit der jetzigen Wirklich-

---

[16] über Pamukkale später in Kap. 20

keit. Plötzlich entzifferte ich den Namen ‚Laodizea‘!

Laodizea

„Nein, das ist nicht möglich! Bin ich so nahe
diesem besonderen Ort? Das muss ich sehen!"

Also lief ich auf und ab über den Pamukkale, nahm rasch einen Dolmuş[17] nach Denizli
und von dort ein Taxi nach Laodizea. Ich war
emotional sehr hungrig und durstig. Die
großen Regentropfen waren kein Hindernis für
mich. Ich war zwischen den Ruinen von Laodizea! Beim Umherwandern fand ich heraus,
dass dieser Platz eine Art Bild meines Lebens
war: Auch ich war ähnlich ruiniert; *„ausgespieen aus Gottes Mund"*[18]? Natürlich ist dies
ein zerstörerisches Gefühl, das mich die
nächsten Stunden richtig deprimierte. Im

---

[17] ein sehr praktisches Sammeltaxi in der gesamten Türkei viel verwendet; eine Mischung zwischen Taxi und Bus, für 15-20 Personen; billig,
zw. 1,- – 2,- DM (0,50 –1,- €); hält bei Bedarf überall an
[18] Offenbarung 3:16

Abenddunkel fuhr ich mit dem Bus zurück nach Bodrum, wo ich wohnte. Plötzlich wurde ich erleuchtet: ‚ausgespieen aus Gottes Mund‘, elend, erbärmlich und arm[19], doch eine Ruine hat auch eine Chance! Man sollte bereuen, eifrig sein und offen für Jesus[20]. Ich hatte mehr verstanden: Dass so eine Lage wie meine auch ein Prozess von Gottes Disziplin sein konnte[21]. Wie gut ist es, dass Gott uns Hoffnung gibt!

Mit Ephesus war es anders. Ich hatte geplant, an meinem Geburtstag dorthin zu fahren. Der war einige Tage später. Ich fuhr mit dem Linienbus zu diesem reizenden Ort. Die schöne Sicht auf die ägäische Küste und die Nähe des berühmten Milet[22] hatten in mir bereits tiefe Gefühle freigesetzt. Doch Gott berührte mich zuerst in Ephesus sehr deutlich. Von diesem Augenblick an, begann in mir wieder etwas Neues, das ich mit meiner geistlichen Geburt vor mehreren Jahren in Zusammenhang bringe. Ich erhielt für mich persönlich die Worte über das Verlassen der ersten Liebe zu Gott: *„Aber Ich habe gegen dich, dass du die erste Liebe verlassen hast“*[23]. Ich verstand, dass schon seit einiger Zeit Gott nicht mehr die höchste Priorität in meinem Leben war. Der

---

[19] Offenbarung 3:17
[20] Offenbarung 3:19-20: *„Sei eifrig ... tu Buße ... wenn jemand ... die Tür öffnet ... zu dem werde Ich hineingehen“*
[21] Offenbarung 3:19: *„Die Ich liebe überführe und züchtige Ich“*
[22] der erste hellenistischer Philosoph, Thales, kam ursprünglich aus Milet (er behauptete, dass Wasser ein Vor-Element der Natur ist); es gab auch die Gemeinde in Milet (Apg. 20:15, 17-38)
[23] Offenbarung 2:4-5

Grund: Ich war sowohl äußerlich als auch innerlich misshandelt worden.

Dort, im großen Amphitheater von Ephesus, am Fuße des Berg Pion, entschloss ich mich, Gott wieder die erste Priorität in meinem Leben einzuräumen.

Und interessanterweise, kamen sofort danach die ersten Reaktionen. Erstens empfand ich einen sehr beruhigenden Frieden und zweitens erfuhr ich eine sehr nette Überraschung. Ich verließ das antike Ephesus und wanderte nach Selçuk. Auf dem Weg dorthin sah ich nur eine übrig gebliebene Säule der sieben Wunder des Altertums, den Tempel der Artemis von Ephesus. Ich wollte die Überreste der alten Basilika von St. John aus dem 6. Jahrhundert besichtigen, und auf dem Weg dorthin – welch ein Wunder! – stand ich plötzlich vor ... einem christlichen Bücherladen! Ich begriff, dass es in der Türkei offiziell religiösen Frieden gibt!

Nach Ende meiner Ferien erhielt ich eine Postkarte aus Ephesus und freute mich wie ein kleines Kind: Der Apostel Paulus schrieb den Ephesern ein Sendschreiben, und ich erhielt eine Postkarte aus Ephesus!

Ja, schon im Mai 2001 spürte ich Jesu' Gegenwart in der Türkei! Er hatte zu mir gesprochen, Er hatte mich berührt, Er hatte Seinen Dienst in mir wieder begonnen.

Die geistlich-logische Folge war, eine neue Reise zu planen, wo Jesus *„zwischen den sieben goldenen Leuchtern wandelte"*!

Professor
und Silberne Krone

Der Hauptzweck meiner nächsten Reise war es, meinen Geist, Seele und Leib[24] aufzubauen. Für jemanden, der seine meiste Zeit in sitzender (und liegender) Lage verbringt, ist Bewegung ein sehr guter Rat. Und weil ich gerne Vergnügen mit Nützlichkeit verbinde, beschloss ich, mit dem Fahrrad unterwegs zu sein: da hätte ich Bewegung und könnte auch meiner Arbeit nachgehen. Zum Beispiel beim Joggen hätte ich nur Bewegung.

Im Herbst 2000 begann ich, mein Fahrrad regelmäßig zu benützen. Es dauerte nur eine kleine Weile, doch ich entdeckte schon die großen Vorteile dieser Aktivität. Die Ausgaben für den Kauf dieses Fahrrades hatten sich schon nach ein paar Monaten ausgezahlt; würde

---

[24] vergl. 1. Thess. 5:23: *„Möge euer Geist und Seele und Leib untadelig bewahrt bleiben"*

ich mit Bus oder Auto zur Arbeit fahren, würde mich das weitaus mehr kosten, als mein Fahrrad mit allen Extras gekostet hatte. Nach kurzer Zeit war ich wetterfest und hatte zum ersten Mal während des ganzen langen Winters keinen Virus, kein Fieber, und ich war nicht erkältet,[25] obwohl ich täglich radelte, oft in Regen und Schnee. Was ich noch bemerkte war, dass ich all mein unnötiges Körperfett verloren hatte. Während des Radfahrens wurde mein Geist ,gelüftet' und meine Seele ,gereinigt'. Und während ich in die Pedale trat, sprach ich mit Gott. Mit der Zeit wurde mein Fahrrad für mich zu einem besonderen Ausrüstungsgegenstand, der meinem Geist, meiner Seele und meinem Körper Gewinn brachte.

Doch dieses Fahrrad machte mir auch viele Probleme. Ein paar Tage nach dem Kauf wurde es mir gestohlen und wieder gefunden. Einzelne Teile waren kaputt, was eigentlich unglaublich war, denn es war ein deutsches Markenfahrrad. Vier- oder fünfmal wurden in den vergangenen zehn Monaten die Reifen angestochen. Diese irritierenden Probleme wurden immer gelöst, manchmal auf unerwartete Weise. Einmal hatte ich ein Loch im Reifen, nur einen halbem Kilometer vom Fahrradgeschäft entfernt. Verzweifelt stand ich da

---

[25] einmal hatte ich eine Entzündung in der Schulter, doch hervorgerufen durch meine draufgängerische Art. Ein anderer Fahrer war schneller als ich, und ich – sehr unweise – wollte schneller sein als er. Der heiße Schweiß zusammen mit der kalten Luft bewirkte die erwähnte Reaktion.

und wusste nicht, was ich tun sollte. Es war dunkel (nach 18 Uhr, also waren die Geschäfte schon geschlossen), und ich hatte wirklich keine guten Aussichten. Plötzlich bemerkte ich, dass mich ein junger Mann beobachtete. Er kam auf mich zu und bot seine Hilfe an. Jetzt erkannte ich, dass er der Inhaber des Fahrradgeschäftes war, in dem ich mein Fahrrad gekauft hatte.[26] Wir gingen zusammen in sein Geschäft, und er gab mir für die Zeit der Reparatur ein Leihfahrrad. Man muss zugeben, dass dies für die Zeit in der wir leben, ziemlich ungewöhnlich ist – für mich war es jedoch ein unvergesslicher Vorfall.

Jedenfalls konnte ich die ‚Abenteuer' mit meinem Fahrrad nicht verstehen. Ja, das war für meine gegenwärtige Lage typisch (‚nichts funktioniert'), sogar mit meinem Fahrrad? Ich versuchte, dies auch geistlich zu verstehen und beschloss schließlich, mich von diesem Fahrrad zu trennen (nachdem die Kette kaputt war!). Ich verstand, dass dieses Fahrrad für mich … ‚Professor' war! Ja, es lehrte mich auf der ‚Fakultät' der Geduld und ‚Problemologie'. Nachdem ich dieses ‚Studium' abgeschlossen hatte, versetzte ich den ‚Professor' in den Ruhestand. Auf alle Fälle glaube ich, dass die Reise in die Türkei für ihn zu schwierig gewesen wäre.

Im Austausch für den ‚Professor' (nachdem ich die Differenzen beglichen hatte) bekam ich

---

[26] Fahrrad Petersen in Flensburg

ein neues, silberfarbenes NSU Corona, Fahrrad mit 7 Naben–Gängen, vorne und hinten Federung und noch einigen notwendigen Extras. Zusätzlich zu meiner Ausrüstung gab es eine kleine, am Lenker befestigte Tasche, um wichtige Dinge zu transportieren, mit einer Folie für die Landkarte. Ich konnte diese Folie auch für biblische Texte verwenden, die sich auf die Orte bezogen, die ich besuchte. Also schrieb ich zusammen, was sich gebietsmäßig mit diesen Bibelstellen befasste: die Botschaften an die Sieben Gemeinden und die Sendschreiben zu den Kolossern und zu Philemon. Bei der Botschaft an Smyrna stimmte ich Kap. 2:10 – *„Sei treu ... und Ich werde dir die Krone geben ..."* mit der Marke meines Fahrrades ab: Corona. Seit damals nenne ich es Silberne Krone. Nun, eine Krone wird auf dem Kopf getragen, aber dies ‚Krone' trug und trägt mich noch auf sich – und wie gut noch dazu!

meine Silberne Krone

Kapitel

5

Vorbereitungen

Sollte jemand glauben, der Autor hätte keine Kontrolle über den Inhalt seines Gegenstandes, weil er ständig an der Einführung schreibt – so stimmt das nicht! Um eine gute Reise zu haben (ebenso wie andere Unternehmungen) muss man ordentlich vorbereitet sein.

Ich begann meine Vorbereitungen drei Monate vor meiner Abfahrt – körperlich war ich schon seit ungefähr einem Jahr vorbereitet[27]. Besondere Vorbereitungen wurden nun mit Diskussionen mit meiner Mutter verflochten, die immer sagt: ‚Gott plant die Zukunft‘, ‚alles wird zur rechten Zeit sein‘, ‚wenn es Gottes Wille ist‘[28]. Mama hatte Recht! Aber meine Sicht der Dinge war dazu kein Widerspruch. Nämlich, einen genauen Plan aufzustellen und trotzdem zu berücksichtigen, was meine Mutter sagte. Auch die Bibel ermutigt uns, zu pla-

---

[27] ich empfehle so eine Tour nur nach körperlicher Vorbereitung, sonst kann sie gefährlich sein. Es ist ratsam, einen Monat vorher mit Radfahren zu beginnen; z.B. 2x wöchentlich 60 km, und knapp vor der Reise 100-120 km am Tag

[28] vergl. Jak. 4:15

nen.[29] Christen sollen für Gottes Eingebungen bezüglich ihrer Pläne offen sein, und Pläne sollen vor ihrer Ausführung sorgfältig bedacht und im Gebet betrachtet werden. Planen gehört zur Ordnung, und Ordnung halten ist unsere Verantwortung[30].

Während meiner Vorbereitungen wurde ich auch von verschiedenen Zweifeln geplagt: Warum wollte ich in diesen unsicheren Zeiten in ein moslemisches Land fahren? Die Ereignisse der letzten Monate und Wochen in Zusammenhang mit den Terrorangriffen der islamischen Fundamentalisten in den USA[31] und der Beginn einer Militäraktion gegen die Taliban in Afghanistan, weckten vorsichtige und doch provokante Bedenken unter meinen Verwandten und Freunden. Ich wusste bereits, dass die Türkei ein laizistisches Land ist, in dem es eine Trennung (Gott sei Dank!) zwischen Staat und Religion(en)[32] gibt, und wo andere, also nicht–islamische Religionen oder Denominationen der Verfassung entsprechend Freiheit zugesagt ist; zusätzlich sorgt die türkische Regierung

---

[29] vergl. Luk. 14:28+31: *„Denn wer unter euch, der einen Turm bauen will, setzt sich nicht vorher hin und berechnet die Kosten, ob er das Nötige zur Ausführung habe? ... Oder welcher König, der auszieht, um sich mit einem anderen König in Krieg einzulassen, setzt sich nicht vorher hin und ratschlagt ... ?"*

[30] 1. Kor. 14:40: *„Alles aber geschehe anständig und in Ordnung."*

[31] 11.09.2001

[32] ich bin sicher, dass diese Art der Methode für beide Seiten gut ist, z.B. kommen große Kirchen in einigen westeuropäischen Ländern immer mehr in tiefere Krisen, weil sie Staatskirchen sind, und in manchen Fällen wird den Menschen der Glaube aufgezwungen durch staatliche Kirchensteuer, Feste usw. Aus biblischer Sicht, Mesalliance zwischen Staat und Kirche hat keine Basis.

für die christlichen und jüdischen Altertümer. Während meiner Ferien im Mai sah ich, dass Mustafa Kemal (Atatürk – Vater der Türken)[33] bis zum heutigen Tag positiven und größeren Einfluss auf diese wunderbare (ca. 65 Mio.) Nation hat, als Muhammad allein.

Als ich später in die Nähe der NATO-Zentrale in Izmir kam und auch während meiner ganzen Reise, bestätigten sich meine positiven Vorstellungen über die Türkei.

In den ersten Kapiteln schrieb ich kurz über den Zweck meiner Tour. Genauer gesagt, gab es: freie Zeit für Meditation, Hingabe an göttliche Eingebung, was nötig für die zukünftigen musikalischen Kompositionen der Sendschreiben an die Sieben Gemeinden war[34], ein Buch über diese Reise zu den Sendschreiben und sozial-religiöse Erfahrungen zu sammeln.

erster Konzert in Auschwitz

---

[33] der türkische Revolutionär und erste Präsident der Republik Türkei, gegründet am 29. Okt. 1929 (ich nahm während meiner Reise an diesem Fest teil). Atatürks Programm: ein moderner Staat mit weltlichem Recht, Demokratie, Gleichstellung von Mann und Frau, Modernisierung der Sprache, etc.

[34] zur Zeit halte ich bebilderte Konzerte über dieses Thema ab (das erste Konzert mit diesem Programm fand am 12.10.2004 in Auschwitz statt)

Ich beschloss, meine Reise im Oktober zu beginnen. Durch die Art meiner Arbeit, war es mir möglich, meine freie Zeit selbst einzuteilen. Dann war es Oktober! In diesem Monat sind die Tage nicht sehr warm, was fürs Trekking nicht sehr angenehm ist; daher gibt es nicht viele Touristen, die Museen, Strände und Hotels bevölkern, die Preise sind niedrig (weil es nicht zu viele Touristen gibt), und es gibt Einsamkeit und Ruhe. Das funktionierte mit einer Ausnahme sehr gut: Es wäre besser, in der ersten statt in der zweiten Oktoberhälfte loszufahren, denn gegen Ende des Monats sind die Nächte ein bisschen zu kalt.

Nachdem ich einen Übersichtsplan gemacht hatte, begann ich, mich um die Details zu kümmern. Dazu hatte ich sechzehn Tage zur Verfügung, die ich zwischen den Etappen der Sieben Gemeinden aufteilte, damit ich für jeden Ort einen Tag extra hatte. Zusätzlich einen Tag jeweils am Anfang und am Ende. Dieser Plan erwies sich als sehr gut; während meiner Reise ergaben sich nur kleinste Änderungen. Man kann nicht Sklave seiner eigenen Pläne sein, sondern muss auch für spontane Änderungen offen sein – für Bedürfnisse und Erfolge.

Jetzt war die Zeit für geistliche und technische Angelegenheiten gekommen. Ich bereitete mich gleichzeitig darauf vor. Obwohl es typisch für eine Individualreise war, war es für mich doch notwendig, mit anderen Menschen

Kontakt aufzunehmen. Ich bereitete mir ein kleines Merkblatt vor, in dem ich um Fürbitte für meine Reisevorbereitungen und eine gesegnete sichere Reise bat. Daher wusste ich, dass Freunde in Deutschland, Dänemark, Kanada, den USA, Spanien, der Türkei und Polen für mich beteten; ich erhielt auch eine sehr nette Bestätigung über Fürbitte von einer ,sehr wichtigen Person' – einer ehemaligen Bekanntschaft in Polen.

Technisch gesehen war es wichtig, Material für die Reise zu sammeln; daher nahm ich einen kleinen digitalen Videocamcorder und drehte ca. dreieinhalb Stunden ziemlich guten Filmmaterials und ungefähr einhundert (nicht so gute) Dias.

Weil ich spartanischer, einfacher reisen wollte, nahm ich ein kleines Zelt mit einem Minimum an Ausrüstung mit (einen Schlafsack und eine Isoliermatte) und ganz wenig Gewand, eine kleine Erste-Hilfe-Schachtel und das notwendige Werkzeug.

Kapitel

6

Der runde Regenbogen

Es war am frühen Nachmittag des 15. Oktober 2001. Ich flog in einer Boeing 737–800 der Türkischen Fluglinie (Türk Hava Yoillari) 11.000 m über dem Balkan. Unter mir zogen die Umrisse des Rhodopen Gebirges langsam vorbei; am Horizont zeigte sich das Schwarze Meer. Ich fragte mich, ob das, was ich unternehme, nicht ein bisschen zu ,wild' war? Diese Rückblicke erinnerten mich an andere ,wilde' Reisen; sogar an meine Jugend, als ich von Polen nach Bulgarien[35] getrampt war und jetzt über dieses Gebiet nur hinweg flog.

Damals musste ich mich fast völlig auf Improvisation verlassen, trampte Hunderte Kilometer, hatte keine Ahnung, wo oder wie ich ankommen würde, z.B. wie ich nach Polen zurück sollte, und war alleine in der politisch gefährlichen Zeit von Dubček's Aufstand in Tschechoslowakei unterwegs. Es ist bekannt, dass die Länder des Warschauer Paktes ge-

---

[35] ein Weg mehr als 2.000 km

walttätig in die Tschechoslowakei einfielen und damals den Fall des Kommunismus vereitelten.[36] Und ich trampte durch Rumänien, das auf tschechoslowakische Seite stand. Ich erinnere mich, dass ich, jedes Mal, wenn ich sagte, ich wäre aus Polen, blitzartig auf der Strasse landete. Schließlich musste ich lügen und behaupten, ich sei aus der Tschechoslowakei[37]; das Ergebnis war: Das gesamte rumänische Dorf (dessen Name ich vergessen habe) hieß mich als Held willkommen!

Nun, jetzt habe ich diese Problem nicht, aber … ich habe andere. Tatsächlich haben wir ja immer irgendwelche Probleme. Vielleicht schaffen wir sie uns selber? Muss ich mir den Kopf zerbrechen und mir Sorgen machen, wie ich mein Fahrrad und mein ganzes Gepäck transportieren werde? Im Endeffekt war es so einfach! Entsprechend der Vorschriften musste ich meine Lenker senkrecht stellen, die Pedale abschrauben, den Sattel herunterlassen und die Luft aus den Reifen auslassen. Einfach. Aber ich machte mir immer noch Sorgen! Schon darüber, wie ich mein Fahrrad zum Flughafen in Hamburg bringen sollte (das war sehr einfach: in meinem kleinen aber genügend großen Fiat Panda), und jetzt sorgte ich mich, wie ich meine gesamte Ausrüstung durch den

---

[36] im Jahr 1968
[37] in meinem nicht sehr patriotischen Gewissen behauptete ich, ich wäre nicht weit von der tschechoslowakischen Grenze geboren und außerdem bin ich Europäer

Zoll bringen sollte (doch das war sehr einfach und gar nicht kompliziert).

Als alles reibungslos ablief, wusste ich: Nun kann ich anfangen, jeden Augenblick zu genießen. Entzückt vom Blick auf das Marmarameer und das näher kommende Istanbul beschloss ich, dass wir in unserer täglichen Philosophie die Betonung auf das Positive legen müssen. Es gibt so viel Positives! Doch wenn wir mehr haben wollen, als wir schon haben und uns nicht an dem freuen können, was wir haben, dann sorgen wir uns darüber, was wir nicht haben und versäumen so die wichtigsten Aspekte des Lebens.

„Oh, plötzlich bin ich so gescheit! Könnte das der Einfluss der Nähe des Bodens der Philosophen der antiken hellenistischen Welt sein?"

In der Bibel lesen wir auch, dass die Griechen Weisheit suchten, aber die Juden Zeichen verlangten[38].

A propos Zeichen. Ich blickte durch das kleine runde Fenster des Flugzeuges, um die Erde von oben aus zu beobachten; das war jetzt aber nicht möglich – alles nur Wolken. Plötzlich sah ich über den Wolken einen fabelhaften Regenbogen – er war vollkommen rund. So einen Regenbogen hatte ich noch nie im Leben gesehen; Regenbogen sind doch Halbkreise. Schnell ergriff ich meine Videokamera und fing dieses Bild ein!

---

[38] 1. Kor. 1:22

runder Regenbogen

Ein Regenbogen ist das Zeichen des Bundes, den Gott mit Seinem Volk nach der Sintflut machte[39].

„Steht dieser Regenbogen in einer Beziehung zu meiner Reise? Ich weiß nicht, ich weiß noch nicht ... und vielleicht überinterpretiere ich die Zeichen?"

Ich ließ dies nicht zu tief in mein Herz fallen, außer – natürlich – Erstaunen über seine Schönheit. Doch irgendwie war dies eine interessante Verknüpfung, dass der allererste Regenbogen im östlichsten[40] Teil der heutigen Türkei erschienen war, und ‚mein' runder Regenbogen im westlichsten Teil der Türkei. Seltsam!

---

[39] 1. Mose 9:9-15 „... *Die Wasser sollen nie mehr zur Flut werden und alles Fleisch zerstören"*
[40] auf dem Berg Ararat – heute Ağrı Dağı, 5.137 ü.MS

Kapitel

7

Polizei

Ich war froh, in Izmir zu landen (mit Transit in Istanbul). Ich konnte mein gesamtes Gepäck mit Ausnahme meines Fahrrades an mich nehmen. Das Rad war in einen festen Karton verpackt und trug die Aufschrift 'Carefully, please!' ‚Vorsichtig, bitte!'

Es war schon nach 18 Uhr. Der Flughafen Adnan Menderes in Izmir leerte sich sehr schnell. Ich schien als Einziger übrig geblieben zu sein. Irgendwie hatte ich erwartet, dass mich hier jemand treffen würde, doch nach einem kurzen Telefongespräch und den Worten „Ich habe keine Zeit", beschloss ich, dass ich mich nicht auf Menschen verlassen konnte, nicht einmal, wenn sie Christen sind. Im Prinzip bin ich für diese kleine Enttäuschung dankbar, denn dadurch erinnerte mich Gott, dass ein Sich-Verlassen auf Menschen sich in eine negative Haltung ihnen gegenüber verwandeln kann, wenn die Erwartungen nicht erfüllt werden, was zu Befangenheit und Enttäuschungen führen kann. Und das wäre natürlich falsch.

Unverlässliche Personen, die ihr Wort nicht halten können, dürfen nicht mein Problem sein. Ich musste darauf achten, die richtige Haltung zu haben, wo ein ‚ja' ein ‚ja' ist und ein ‚nein' ein ‚nein' und nichts von anderen erwarten. Ich denke, dass ein Sich-Verlassen auf andere Menschen eine Einschränkung der Freiheit ist, denn Gott hat uns dazu berufen, von Ihm abhängig zu sein. Es ist wichtig, solche Enttäuschungen nicht zu beachten, zu vergeben und für diejenigen, die fallen, zu beten. Die Bibel ermutigt uns dazu, uns auf Gott zu verlassen, Ihm zu vertrauen und uns Ihm in allem hinzugeben. Ich erlebte in meinem Leben so viele Lektionen mit diesem Problem, dass ich dies zumindest auf die Reihe kriegen sollte! Ich erlebte oft Enttäuschungen, wenn ich mich auf Menschen oder Organisationen verließ, aber Gott enttäuschte mich nie.

Auf dem hellen Marmorboden des Terminals schüttelte ich diesen ‚Staub' aus meinen Gedanken, bat Gott um Vergebung (eigentlich sollte diese Reise nur von Ihm geführt sein) und auch um Seine Hilfe.

Mein erstes Problem war der große Fahrradkarton. Ich konnte den Karton nicht auf die Reise mitnehmen (zu groß), konnte ihn auch nicht entsorgen, denn ich würde ihn ja später für den Rückflug brauchen; ich musste also einen Platz für ihn finden. Das Nächste war, mein Fahrrad wieder zusammenzuschrauben und schließlich eine Bleibe zu finden. Ich war nicht unter Zeitdruck, konnte also friedlich zu arbeiten beginnen. Sobald ich dies tat, erschien ein Polizist, ein wenig später kam noch ein zweiter.

„Kein schlechter Anfang!" dachte ich.

Obwohl ich die falsche Richtung erwog, war der Anfang eigentlich sehr gut. Die Polizisten boten mir ihre Hilfe an. Einer pumpte höchst eifrig die Reifen auf, der andere half mir, die Pedale anzuschrauben. Später gaben sie mir noch detaillierte Information über was, wo und wie … In mir baute sich durch diese unerwarteten und hilfsbereiten Taten eine freundliche Haltung zu türkischen Polizisten auf.

Während meiner ganzen Reise machte ich mit der Polizei nur gute Erfahrungen. Wann immer ich Informationen brauchte, bekam ich genaue und höfliche Antworten. Dadurch wuchs meine Achtung vor ihnen. Begegneten sie mir in so respektvoller Weise, weil ich ein ausländischer Tourist war? Ich glaube nicht. Ich glaube, dass Betrüger und Verbrecher mit der Polizei schlechte Erfahrungen machen. Natürlich gibt es Ausnahmen, aber die brechen nicht die Regel. Die Bibel schreibt, dass *„die Regenten sind nicht ein Schrecken für das gute Werk, sondern für das böse. Willst du dich aber vor der (staatlichen) Macht nicht fürchten, so tue das Gute, und du wirst Lob von ihr haben"*[41].

Im Allgemeinen habe ich eine sentimentale Begeisterung für Polizisten.[42] Während mei-

---

[41] Römer 13:3

[42] wie bisher 4 Monate später, meine ‚Polizei-Hitze' war auf Insel Rodriguez (die zur Mauritius gehört), als ich an einem Tag 2 Polizisten traf, die auch … Pastoren waren!

ner Auslandsreisen suchte ich immer nach einer Möglichkeit, einige Polizisten zu fotografieren. Das tat ich auch in der Türkei. Es war in Alaşehir (Philadelphia) als ich vorsichtig einen Polizisten fragte, ob er uns beide auf einem Foto haben wollte. „Kein Problem!" sagte er, bereitete sich vor, einige Leute liefen zusammen, und … Klick! Ein Passant machte ein Foto.

Es war ein seltsamer Zufall, dass meine Reise mit einer netten Begegnung mit einem Polizisten begann, und dann sogar mit noch etwas netterem endete. Während ich auf meinen Rückflug wartete, traf ich eine türkische Polizistin. Während dieser langen Nacht sprachen wir über Gott, und ich muss zugeben, dass sie für dieses aktuelle Thema sehr gut vorbereitet war.

Gott gab mir durch die Polizei Hilfe, Schutz und Kameradschaft.

Kapitel

8

Am Anfang und am Ende

Wie ich vorher schon festhielt, hatte ich am Anfang und am Ende meiner Reise Polizisten als Kameraden. Am Anfang und am Ende war ich auch im selben Hotel, Ünaten, einige Kilometer vom Flughafen entfernt auf dem Weg nach Izmir in Gaziemir. Und von Anfang bis Ende war Jesus mein Führer und mein Begleiter, so wie Er sich im Sendschreiben an die Gemeinde in Smyrna beschreibt „der Erste und der Letzte".

Anfänge sind meist begeisternd, weil das vor uns Liegende unbekannt und das Ende voller Eindrücke ist, und das bringt uns Reife.

Nun stand ich am Anfang in dem oben erwähnten Hotel und hatte ein Zimmer, ein Badezimmer, einen Fernseher und alles Notwendige zur Entspannung und Ruhe. Mit großer Freude wechselte ich meine herbstlichen Kleider in Sommergewand, denn es war hier so warm wie mitten im Sommer in Norddeutschland. Wunderbar! Ich musste meine

Sachen ordnen und mich für die Erkundung Izmirs am nächsten Tag vorbereiten. Ich lag auf dem breiten Bett, lauschte der interessanten türkischen Musik und studierte die Reiseführer.

Ich entdeckte, dass Izmir (das antike Smyrna) die drittgrößte Stadt der Türkei ist und ca. 3 Mio. Einwohner hat.

Alexander von Mazedonien gründete Smyrna 334 v.Chr. Nach der Rückkehr von der Jagd auf einem Hügel in Pagos wurde er – der Legende nach – von einer Berggöttin ‚besucht‘, Nemesis, die ihm befahl, dort eine Stadt zu bauen. Smyrna ist auch die Geburtsstadt des großen antiken Dichters Homer, dem Verfasser der ‚Ilias‘ und der ‚Odyssee‘ (kein schlechter Anfang für einen Verleger!). Smyrna lag auf den Hügeln oberhalb einer breiten Bucht, war immer schön und wurde sogar als schönste aller Städte erkannt. Es gibt sehr wenige Überreste aus antiker Zeit: die Ruinen von Agora[43], Kadifekale[44] – das ist alles. Ein riesiges Feuer zerstörte Izmir 1922 völlig. Für Christen ist dies ein geschichtlicher Platz; zur Zeit der Apostel wurde der bekannte Märtyrer Polycarp 155/156 n.Chr. dort während der Regierungszeit des Antoninus Pius hingerichtet. Wir dürfen nicht vergessen zu erwähnen, dass damals der Kaiserkult weit verbreitet war. Für

---

[43] agora – Markt in alten Städten
[44] Kadifekale – 160 m ü.MS Hügel Pagos mit Ruinen der Akropolis (Oberstadt)

den Kaiser wurden Feste abgehalten und mit großem Pomp gefeiert. Theater, Stadien[45] und Gymnasien[46] waren die Hauptveranstaltungsorte. Der Höhepunkt dieser Feste waren die Opfer, die von den Christen als Götzenopfer gesehen wurden. Das Zurückweisen dieser Feste wurde als politische Opposition gewertet und nicht als religiöser Widerstand. Solch eine Weigerung führte dazu, dass ein gewisser Germanicus hingerichtet wurde. Die Zuschauer im Stadion waren enttäuscht von diesem stillen Tod und verlangten, dass Polycarp – er war der Leiter der Gemeinde in Smyrna – ebenfalls den Märtyrertod sterben sollte. Er war gefasst, und es wurde von ihm verlangt, seinen Glauben an Jesus zu verleugnen. Seine Antwort war bezeichnend: „In meinen 86 Jahren war ich Sein Diener, und Er hat mir nie etwas angetan; wie kann ich meinen König, der mich gerettet hat, verleugnen?"! Er wurde verbrannt. Seinem Wunsch entsprechend, wurde er nicht festgebunden. Er starb mit einem Ausdruck der Beglückung, und sein Tod war von einem wunderbaren Duft edler Früchte begleitet.[47]

„Wie kann ich meine Leiden mit denen von Germanicus oder Polycarp vergleichen?" – erforschte ich mich vor dem Einschlafen kritisch.

---

[45] ursprünglich war ‚Stadion' ein griechisches Längenmaß; später Platz für sportliche Wettkämpfe

[46] griech. Gebäude für Schulveranstaltungen und Sport, mit schönen Gärten und Bädern

[47] Beschreibung von Polycarps Tod nach ‚Smyrnians Brief an Philomelium'

Einerseits sollte ich mich schämen, aber andererseits war es für mich eine Ermutigung.

Nach einem stärkenden Frühstück (Weißbrot, viele Sorten Marmelade und Honig) stieg ich endlich auf meine Silberne Krone und machte mich in ein neues Land, in einen neuen Erdteil auf.

Der Straßenverkehr war sehr dicht und zwar auf allen vier Spuren nach Izmir. Es war gar nicht einfach, auf die ‚Musik‘ der Hupen zu horchen. Als ich mich mehr und mehr daran gewöhnt hatte, merkte ich, dass die Huperei nicht nur als Warnung diente, sondern auch als freundliche Begrüßung. Ich wollte mich ein bisschen revanchieren, aber meine kleine Radfahrglocke war viel zu schwach, um wetteifern zu können! Ich entdeckte auch, dass ein Fahrrad-Rück-Spiegel sehr wichtig ist, damit ich die Bewegungen der Fahrzeuge hinter mir sehen konnte, und bei ihrem lauten Hupen nicht erschrak. Eine weitere Gefahr für Radfahrer sind Kanalgitter, die parallel zur Straßenrichtung gesetzt sind, denn die Zwischenräume zwischen den Aussparungen sind breiter als die Radreifen. Davor muss man sich sehr in Acht nehmen! Doch diese zweite Gefahr erlebte ich nur in Izmir.

Kapitel

9

Şehir Merkezi

Bevor ich die Stadt betrat, suchte ich nach einem Straßenschild ‚Şehir Merkezi' (schehyr merkesi), was soviel wie ‚Zentrum' bedeutet. Es gab in Izmir auch noch andere Schilder mit ähnlicher Bedeutung, ‚Konak'.

Konak ist der Hauptplatz über der Izmir Bay; darumherum stehen das Parlamentsgebäude, ein Glockenturm, eine alte Moschee, das archäologische Museum und dort ist auch der Eingang in den Basar. Von Konak aus gehen viele sorgfältig ausgeführte Böschungen entlang der Straßen und man hat eine wunderbare Aussicht auf die hügeligen Stadtteile von Izmir.

Ich suchte das Zentrum von Izmir und befand mich plötzlich auf der antiken Agora. Natürlich muss man das unbedingt sehen, aber ehrlich gesagt, war ich davon nicht sehr beeindruckt. Ich fühlte hier nichts von antiker Atmosphäre, so wie dies auf anderen Plätzen der Fall war.

In Izmir hatte ich das Vorrecht, den Pastor einer der örtlichen Gemeinden kennen zu lernen. Ich erhielt viel wichtige – aus christlicher Sicht – Informationen über die Route zu den Sieben Gemeinden und ein sehr gutes Buch, Gebetsführer durch die Türkei[48]. Als ich diesen Pastor traf, erwachte in mir Achtung für das politische System dieses Landes. Mehr noch, ich erfuhr, dass genau an diesem Tag in einem repräsentativen Hotel in Izmir ein feierliches Meeting abgehalten wird, bei dem die neue Übersetzung der Bibel in modernes Türkisch offiziell vorgestellt würde[49]. Die Abgeordneten der örtlichen Behörden waren eingeladen und natürlich Delegierte verschiedener Kirchen, ebenso wie islamische Theologen. Bis jetzt hatte es nur eine 300 Jahre alte Bibelausgabe gegeben, die natürlich das Verständnis der Leser sehr komplizierte. Die neue Übersetzung war das Resultat dreier Übersetzer und eines Teams von Exegeten und Sprachforschern, die 24 Jahre daran gearbeitet hatten. Das Neue Testament wurde 1988 fertig, und für die Übersetzung des Alten Testaments benötigte man weitere 13 Jahre. Die Vorstellung dieser neuen Übersetzung wurde von einer Präsentation eines Videofilmes über die Wahrheit der Bibel begleitet.

---

[48] Andrew Jackson and George Otis, 'Praying throughout Turkey' (‚Betend durch die Türkei'), Wagner Institute Publications
[49] Kutsal Kitab, 1. Basam, Agustos 2001

Also hat die Türkei jetzt eine zeitgenössische Bibelausgabe! Für türkische Christen ist sie ‚Şehir Merkezi‘, und für Christen in Izmir ist sie ‚Konak‘.

Die Bibel, die Heilige Schrift, das Wort Gottes – das ist das Zentrum der Orientierung im Leben, Garantie für Zufriedenheit, Ermutigung der höchsten Autorität, wachsam zu sein, mit den besten praktischen Hinweisen ebenso wie wunderbaren Aussichten für die Zukunft.

Um genau zu sein, haben Bibel und Türkei viel gemeinsam: in biblischen Zeiten gab es keine Türkei, doch viele in der Bibel beschriebene Ereignisse spielen in der heutigen Türkei. Israel ist das Land von Jesu' Spuren, und die Türkei ist das Land, das die Spuren der Kirche trägt. Hier im Südosten in Antiochia (Antakya) wurden Jesu Jünger zum ersten Mal ‚Christen‘ genannt, und ebenfalls im Südosten, in Tarsus, nicht weit von Adana wurde der Apostel Paulus geboren, und hier absolvierte er die meisten seiner apostolischen Reisen. Es gibt noch viele solche Beispiele.

In mir entstand ein neuer Gedanke – eine nächste Fahrradreise zu den biblischen Plätzen zu machen, obwohl diese Reise noch gar nicht begonnen hatte. Nun, ich radle ja schon. Ich schob mein Fahrrad sogar durch die engen und schottrigen Straßen des Basars von Izmir.

Oh, wie sehr liebe ich Basare! Als ich zum ersten Mal in der Türkei war, besuchte ich sie fast täglich. Einfach durchzuspazieren, zu schauen und manchmal zu handeln. Kauft nie ohne vorher zu handeln! Das wäre nicht fair. Einmal – während ich in Bodrum war – handelte ich ein Paar Socken von 50 Pfennig herunter auf 25 Pfennig. Der Junge, der sie mir verkaufte, lachte die ganze Zeit, aber seine Augen waren traurig. Wegen dieser Augen konnte ich in der Nacht nicht schlafen. Am folgenden Morgen ging ich sofort zum Basar zurück und zahlte ihm den doppelten Preis. Diesmal lachte er mit Freude in den Augen. Vielleicht bin ich beim ersten Mal zu weit gegangen.

Handeln ist verführerisch. Ich muss bekennen, dass ich auf diesem Gebiet wenig Erfahrung habe[50]. Später besuchte ich Izmirs Basare mehrmals – aber ohne mein Fahrrad!

Nun erreichte ich mit meinem Fahrrad Kadifekale. Das ist der 160 m hohe Hügel des antiken Pagos mit den restlichen Ruinen aus nachbyzantinischer Zeit. Verkäuferinnen boten sehr farbenprächtige Teppiche dort zum Verkauf an.

Und wie ich diesen Hügel erreichte! Anstatt den Serpentinenweg hochzuradeln, beschloss ich, mein Fahrrad die steilen Stufen hinaufzuschieben, weil ich dachte, dies wäre leichter und schneller. Fehlkalkulation! Die Stufen waren so steil, dass ich außer Atem und völlig übermüdet mein Ziel erreichte. Aber als ich

---

[50] vor einigen Jahren in Tunesien hatte ich drei Dosen Nivea verkauft und 1 DM gewonnen!

das Panorama von Izmir im Licht der untergehenden Sonne erblickte, vergaß ich rasch meine Mattigkeit.

Izmir / Smyrna

Beginnend vom Orientierungszentrum Şehir Merkezi oder Konak in Izmir, hat man einen wunderbaren Ausblick und auch noch die Garantie für mehr. Aber das ist eine Sache der persönlichen Erfahrung!

Kapitel

10

Blick Methode

Ehrlich gesagt, hatte ich am ersten Erkundungstag weder Möglichkeit noch Lust auf tiefere geistliche Meditation. Ich war abends schon zu müde, wahrscheinlich wegen meiner ‚Kletterei' nach Kadifekale!

Am nächsten Morgen dann der große Start! Nach einem gesunden reichlichen Frühstück, bei fantastischem Wetter (warm, um die 25°C, geringer Luftfeuchtigkeit und wolkenlosem Himmel) konzentrierte ich mich voll darauf, mein gesamtes Gepäck auf dem Fahrrad zu befestigen. Das Reisegepäck bestand aus: einem dreifachen Fahrradsack, noch einer Tasche mit der Zeltausrüstung – dieser war mit Spann-Gummibändern festgemacht – und am Lenker eine kleinere Tasche für handliche Gegenstände und Landkarten. Die wichtigsten Dinge hängte ich mir in einer kleinen Tasche über die Schulter. Alles hatte seinen Platz. Für so viel Gewicht musste das Fahrrad einen doppelten Ständer haben, sonst würde es ständig umfallen. Am ersten Tag trug ich Fahrradhandschuhe, nahm sie aber noch am selben Abend ab und steckte sie zuunterst in mein Gepäck, denn ich fand, dass ich nur auf den unbedeckten Stellen meiner Hände sonnengebräunt war, ähnlich wie auf meinen Füßen, die in Sandalen steckten. Diese sehr bequemen Sandalen waren natürlich ein türkisches Erzeugnis! Ich verwendete sie die ganze Zeit. Die ‚Sonnenstreifen' auf meinen Füßen hielten sich mehrere Monate. Neben meine Karte platzierte ich einen gelben Zettel mit dem Bibeltext des Sendschreibens an die Gemeinde in Smyrna, schaltete meinen Fahrradcomputer an und begann meine Reise!

Ich umfuhr Izmir auf derselben vierspurigen Bundesstraße Nr. 550 nach Norden. Als ich an einem Verkehrsschild vorbeikam, das mir anzeigte, ich verließe gerade Izmir, zeigte mein Kilometeranzeiger bereits 33 km. Ich hatte praktisch die ganze Izmirbucht umrundet. Zu dieser Zeit war der Verkehr am dichtesten.

Dann wurde es langsam ruhiger, und jetzt konnte ich auf den Text des Sendschreibens an die Gemeinde in Smyrna von Zeit zu Zeit meine Blicke werfen. Es war so, dass ich während der Fahrt ganz kurz auf mein Text schaute und darüber nachsann. Ich fand, dies war eine sehr praktische und befreiende Methode, weil ich während der stundenlangen Fahrt über kurze Absätze nachdenken, und sie mit meinen Gesprächen mit Gott[51] im Zusammenhang mit dem gelesenen Text verknüpfen konnte. Ich muss hinzufügen, dass dies mein Radfahren in keinster Weise störte. Ich nannte diese Methode des kombinierten Lesens ‚Blick-Methode' und ‚Blick-Lesen.'

Schon der Beginn dieses Sendschreibens war greifbar für mich. *„Ich kenne deine Bedrängnis und deine Armut, du bist aber reich."*[52] Wie ähnlich war dies im Vergleich mit meiner Lebenslage! Arm und unter Druck, ab oh, wie reich! Seit fast einem Jahr ohne eigenes Dach über dem Kopf, vielen Kämpfen mit Problemen, aber reich durch Gottes Frieden. Was braucht man mehr?! Ebenso im Zusam-

---

[51] Kreuzzeichen machen, niederknieen, Augen schließen - all das sind Rituale, keine Gebete. Gebet ist ständiger Kontakt und Kommunikation mit Gott
[52] Offb. 2:9

menhang mit meiner Reise: Ich fahre keinen schnellen Sportwagen, lebe nicht in luxuriösen Hotels, aber ich erlebe eine wunderbare Reise, um die mich viele wahrscheinlich beneiden. Ich bin so reich wie ein Millionär, aber ohne Millionen.

Der nächste Blick auf meinen Text bestätigte dies, denn er war wie an mich persönlich gerichtet, passte genau zu meinen Erfahrungen.

Schließlich kann ich auch sagen, dass diese Bibelabschnitte über Leiden mich sehr trösteten und stärkten. Als ich meine vergangene Lage betrachtete, besonders nach der Rückkehr meiner Türkeireise im Mai, stellte ich Gott sehr klare Fragen: inwieweit bin ich an meiner Situation selbst schuld? Ich kam zu dem Schluss, dass es mein Fehlen der ersten Liebe zu Gott gewesen war; andernfalls war es nicht mehr als ein wütender Angriff Satans gewesen, der versucht hatte, mich von allen Seiten zu blockieren, aber er hatte ohnehin keine Chance! Gott verwendet solche Situationen, um uns zu prüfen und zu stärken.

Dieser Text enthielt ein Rätsel für mich: Woran dachte Jesus, als Er von den zehn Tagen der Trübsal sprach? Ich weiß es nicht. Was ich weiß ist, dass die Zeit begrenzt ist, was bedeutet, dass sie früher oder später es zu Ende sein wird. Ich nahm das in mein Herz als Ermutigung auf, auf Gott zu vertrauen und keine Angst zu haben.

Als ich endlich die Brücke über den Gediz-fluß[53] erreichte, war ich mit meinen Gedanken über das Sendschreiben an die Gemeinde in Smyrna zu Ende gekommen. Ich machte eine kurze Pause, erfrischte mich mit Kuchen und Wasser und wechselte den biblischen Text in meiner kleinen Gepäcktasche auf dem Lenker. Jetzt hatte ich das Sendschreiben an die Gemeinde in Pergamon vor mir. Das Interessante daran war: Auch dieser Text hat eine Parallele in meinem Leben.

---

[53] in früheren Zeiten war der Name Hermos; damit in Zusammenhang steht die sog. ‚Königsstraße‘, die Ephesus und Smyrna mit Susa in Persien verbindet (vergl. Ester 1:3 ffg.)

Kapitel

11

Zwei ‚Apostel'

Ich wusste, ich war auf dem Weg dorthin, wo ‚Satans Thron' ist, der Ort, wo er ‚wohnt'. Ich fühlte mich irgendwie unbehaglich, aber ich hatte keine Angst, im Gegenteil! Ich fühlte mich herausgefordert. Natürlich wirkt Satan nicht nur in Pergamon[54]; als geistliches Wesen, aber zusammen mit seinen Dämonen, ist er auf der ganzen Erde gegenwärtig. Trotzdem würde ich gerne wissen, wie Christen, die Pergamon besuchen, reagieren, wenn sie diesen Text bedenken. Sicherlich nicht gleichgültig ... Sogar wenn wir bedenken, dass dieser Text vor 2000 Jahren geschrieben wurde, so bleiben doch die Worte *„wo der Satan wohnt"* bestehen.

Ich beschloss, einen besonderen geistlichen Kampf in diesem symbolischen Platz, wo ich eine sehr gute Gelegenheit zum Sieg fand, durchzuführen!

---

[54] sicherlich gehört dies zum sogenannten ‚loca infesta', Plätze, wo dämonisierte Mächte konzentriert sind, besonders dort, wo heidnische Kulturen stattfanden (bzw. stattfinden)

Dann geschah etwas Seltsames! Plötzlich begann mir 50 km vor Pergamon starker Gegenwind entgegen zu blasen. „Feind, du hast Angst!" – sägte ich und trat die Pedale noch kräftiger, aber der Wind wurde stärker und radeln wurde immer schwieriger. Ich muss hinzufügen, dass ich niemals während meiner Tour solche Schwierigkeiten gehabt hatte. Zusätzlich erlebte ich eine innere Schwäche. Mir wurde klar, dass ich Pergamon an diesem Tag nicht mehr erreichen würde und machte mir Gedanken: Wo und wie würde ich die Nacht verbringen. Ich fühlte mich in diesem fremden Land alleine und tatsächlich war mein Denken blockiert! Ich war sehr müde, als ich Aliağa erreichte, also tauchte ich ins Meer, um mich zu erfrischen und vom Staub zu reinigen. Ich hoffte, das würde mich von dieser Mühsal erfrischen, aber stattdessen wurde ich immer schwächer. Natürlich war das der lange Radfahrtag! In der Vergangenheit war ich täglich 20–30 km gefahren, und jetzt lagen mehr als 60 km mit Gepäck hinter mir, und dieser schreckliche Wind war unerträglich! Ich schaltete die Gangschaltung herunter, damit ich mich einfach vorwärts bewegen konnte. Statt Gang ‚4' fuhr ich nun mit Gang ‚2' und sogar Gang ‚1'.

Plötzlich entdeckte ich vor mir etwas, das aussah wie ... zwei ‚Apostel'. Sie gingen in meiner Richtung. Ich rieb mir die Augen, ich dachte an eine Halluzination. Nein! Diese beiden

Männer mit langen Haaren und sehr langen Bärten bewegten sich vorwärts, trugen sehr lange Stöcke und auch Rucksäcke.

Langsam kam ich an ihnen vorüber und beobachtete sie. Auch sie taten dies, blieben sogar stehen. Wir begrüßten einander auf Englisch. Die Geschichte, die sie erzählten, war sehr eindrucksvoll! Sie waren schon seit sieben Monaten zu Fuß unterwegs, von Madrid in Spanien nach Jerusalem in Israel! Spanier! Unbekümmert, zufrieden, frei. Einer von beiden, wahrscheinlich der ältere, denn sein Haar war grau, sagte, er würde Bücher über seine

zwei 'Apostel'

Reisen schreiben. So öffnete ich mein Herz und erzählte ihnen von meinen ,Übernachtungssorgen'. Sie gaben mir Anleitungen, was ich zu tun hätte:

„Du kannst sogar im Freien schlafen. Wir haben das schon einige Male gemacht. Außerdem kannst du praktisch in jedes Haus gehen und um eine ‚Übernachtung' bitten, und du bekommst zusätzlich eine Mahlzeit. Die Türken sind, zum Unterschied von anderen, sehr gastfreundlich."

Ich antwortete: „Gott segne euch!"

Was für eine erstaunliche Begegnung, abenteuerliche Wunder des Lebens. Sie zu Fuß und ich auf meinem Fahrrad. Ich gab ihnen meine Geschäftskarte, und sie versprachen, zu schreiben. Wir entboten einander einen ehrlichen Abschiedsgruß.

Ich erlebte sie als warmherzige Männer und nannte sie ‚Apostel', und manchmal überlege ich, dass ich Recht haben könnte. Doch waren sie irgendwie Boten[55] für mich in einer verzweifelten Lage. Nun war ich gestärkt! Ich hörte auf mich zu sorgen und akzeptierte, dass ich unter Gottes Schutz stand!

Nach einigen Kilometern führte die Straße bergab, doch wegen des starken Windes musste ich trotzdem in die Pedale treten. Schließlich beschloss ich: genug für heute! Ich hatte zumindest ein kleines Zelt und etwas zu essen. Ich fand ein wunderschönes, naturbelassenes Plätzchen, nahe am Meer. Da stand ein großes, seltsames Fahrzeug am Ufer und daneben ein paar Zelte. Ich ging näher und traf auf eine internationale Gruppe junger Menschen auf ihrer Reise nach ... Südafrika. Sie teilten ihr Abendessen mit mir. Dann stellte ich zum er-

---

[55] ‚Apostel' bedeutet ‚Bote'

sten Mal mein Zelt auf. Ich hatte eine schmale Isoliermatte und einen leichten Schlafsack. Mein ‚Bett' war sehr hart und unbequem, und der starke Wind störte die ganze Nacht meinen Schlaf. Trotzdem war ich ausgeruht und bei Sonnenaufgang wieder auf den Beinen. Ich radelte die verbleibenden 30 km nach Bergama-Pergamon. Jetzt war das Wetter wieder fantastisch – windstill!

Kapitel

12

Esel

Kampfeslustig näherte ich mich Pergamon.
Ich hatte mich mit zwei Brötchen und einer
Limonade Sen Sun gestärkt. Damit und mit
Fruko stillte ich meinen Durst. Kurz vor Bergama wechselte ich von der Straße Nr. 550 auf
240, wo ich einige Esel erblickte. Das war sehr
interessant! Esel werden in Zusammenhang
mit dem Sendschreiben an die Gemeinde in
Pergamon erwähnt, in dem über Bileam geschrieben steht. Ich hielt an, hielt die Szene
auf Film fest und erinnerte mich an die Geschichte.

Zur Zeit des Alten Testaments, während
der Regierungszeit des Königs von Moab, lud
ein gewisser Balak den Seher Bileam ein, um
die Israeliten zu verfluchen. Gott hatte Bileam verboten, zu antworten, doch er entschloss
sich trotzdem, Balaks Einladung anzunehmen.
Gott freute das nicht, und Er stellte ihm einen
Engel in den Weg. Bileam sah den Engel nicht,
aber seine Eselin sah diesen. Sie erschrak so

sehr, dass sie vom Weg abwich. Das arme Tier erhielt für diese Rebellion Peitschenschläge von seinem Meister, und begann schließlich nach einer Weile mit menschlicher Stimme zu sprechen: *„Was habe ich dir getan, dass du mich schon dreimal geschlagen hast?"*[56]. Da ließ Gott Bileam den Engel sehen! Die Aussage dieser Geschichte ist, dass aus einer Sicht Bileam Israel segnete, aber von einer anderen Sicht Israel riet, gegen den Befehl Gottes zu handeln[57] und Balak zu beeinflussen, einen Stolperstein vor die Söhne Israels zu legen[58]. Darum erhielt er den Lohn der Ungerechtigkeit für diesen Ungehorsam[59].

Zur Zeit des Apostel Johannes gab es in der Gemeinde von Pergamon Menschen, die der Lehre Bileams folgten, indem sie den ,modernen', so genannten Nikolaiten anhingen. Gott akzeptiert solche Vermischungen nicht, weder mit Ihm noch ohne Ihn! Wenn Christen Kompromisse mit der Welt oder anderen Religionen tolerieren, so werden sie auch der ,Predigt' eines ... Esels lauschen!

Die Christen in Pergamon lebten unter großem Druck; sogar einer von ihnen, namens Antipas, wurde getötet, weil er Kompromissen widerstand. In Pergamon gab es so viele Religionen wie sonst kaum wo und natürlich einen sehr starken Kaiserkult.

---

[56] 4. Mose 22 ff
[57] 4. Mose 31:6
[58] Offb. 2:14-15
[59] 2. Petrus 2:15-16

Bis zum heutigen Tag gibt es viele archäologische Überreste aus dieser Zeit. Der steile, vulkanische Berg Pergamons ist 337 m hoch; von dort hat man einen Blick auf ein schönes und fruchtbares Tal und die nette Stadt Bergama mit heute ca. 60.000 Einwohnern. Pergamon wurde durch Pergament (es trägt denselben Namen wie die Stadt) bekannt – ein Material, das beidseitig beschriftet werden konnte. Es gibt hier eine der reichsten Ansammlungen von Antiquitäten in der Türkei, die viele Besucher und Touristen anlockt. Obwohl es nicht Hochsaison war, traf ich Touristen aus Deutschland, Polen, Tschechien und der Slowakei.

Auf dem Gipfel des Berges stehen die Ruinen vom Tempel des Zeus, der Athene, des Dionysos, Trojan ebenso wie Herrenpaläste. Es befindet sich dort auch das steilste Amphitheater der Welt, das zehntausend Menschen Platz bietet.

Pergamon

Es gibt ein Gymnasion, das Haus des Atta-
los und die Tempel des Demetrius im tieferen
Bereich des Berges. Im Tal gibt es eine so genannte ‚Rote Halle' und Asklepion, das antike
Sanatorium, das mit dem Namen Galen[60] in
Verbindung steht, der in jener Zeit ein ausgezeichneter Arzt war.

Bevor ich die meisten dieser antiken Plätze
besuchte, fuhr ich zu einem sehr guten Campingplatz, über dessen europäischen Standard
ich staunte. Ich war der einzige Camper und
konnte mich jetzt, ohne mein Gepäck, frei zur
‚Eroberung' Pergamons aufmachen. Wieder –
wie üblich – erweckte ich das Interesse der
Leute. Ein kleiner Junge grüßte mich sehr
freundlich – er sagte auf Englisch: „Willkommen in Bergama"!

Während ich mein Fahrrad hinaufschob,
dachte ich, wie schwer es wohl für die Menschen gewesen sein musste, auf diesem steilen
Berg zu bauen. Knapp vor dem Erreichen des
Gipfels, auf der anderen Seite Bergamas, zoom-
te ich meine Videokamera und entdeckte er-
staunt die Ruinen des alten Aquäduktes[61], und
auf der rechten Seite entzückte mich die malerische Stauanlage. Endlich am Gipfel! Ich
kaufte das einzige T-Shirt mit der Aufschrift

---

[60] Pergamumian, lebte in 2 B.C., studierte Philisophie und Medizin in
Smyrna, Korinth und Alexandria, er war der Privatarzt von Kaiser
Mark Aurel und dessen Sohn Commodus, schrieb Hunderte wissen-
schaftliche Bücher (nur 180 sind noch übrig), legte nicht nur auf The-
rapaie Betonung, sondern auch auf Vorbeugung.

[61] 2 Jahrhundert v.Chr. brachte Wasser von den Bergen 45 Km entfernt

‚Pergamon', parkte mein Fahrrad auf dem Parkplatz der Minibusse und betrat mit einem Ticket diesen monumentalen Ort. Mein erster Eindruck war, dass Satan einen wirklich schönen Wohnsitz ausgesucht hatte, mit wunderbarer Aussicht nach allen Seiten. Dann dachte ich an den genauen Platz vom ‚Thron des Satans'. In Touristenführern hatte ich gelesen, dass dies wahrscheinlich der Tempel des Zeus gewesen war. Wir müssen beachten, dass Teile dieses Tempels und dessen Rekonstruktion in ... Berlin sind, im berühmten Pergamon Museum. Diese Theorie wurde später durch zwei Weltkriege, verursacht durch Deutschland, unterstützt. Ich persönlich unterstütze diese Theorie nicht, denn der Tempel des Zeus war nicht auf dem Gipfel des Berges, und Throne waren immer auf der höchsten Stelle. Ich fand eine steinerne Anlage, die wie ein Thron aussah, aber schließlich kam ich zu dem Schluss, dass dieser ganze Berg mit seinen zahlreichen heidnischen Tempeln ‚der Thron des Satans' genannt wurde.

Nach stundenlangem Nachdenken und Gebet an diesem Ort, fand ich eine siegreiche Erklärung: das, was ‚Satans Wohnsitz' genannt wird, sind die Ruinen! Satan wurde von Jesus besiegt![62]

---

[62] 1. Joh. 3:8b: „*Hierzu ist der Sohn Gottes geoffenbart worden, damit Er die Werke des Teufels vernichte.*"

Kapitel

13

Guten Appetit!

Ich fühlte mich siegreich! Als Zeichen des Sieges nahm ich zehn weiße Steine auf, die denen versprochen sind, die überwinden[63]. Mein Geist war nun gesättigt, und meine Seele zufrieden, aber mein Körper vernachlässigt. Zurück am Campingplatz duschte ich und wusch einige meiner Kleidungsstücke. Schließlich war ich nach zwei Tagen voller Erfahrungen sehr, sehr hungrig. Vor dem Abendessen rief ich meine Mutter in Deutschland an; sie freute sich wie ein Kind: „Oh! wie gut, dass du noch lebst!"

Ich ging in ein großes Restaurant mit Blick auf einen Swimmingpool, der zum Campingplatz gehörte. Natürlich schwamm jetzt niemand darin, denn ich war ja der einzige Gast. Ich beschloss, mir etwas zu gönnen! Ich bestellte zwei Portionen (eine für gestern und die andere für heute), und Suppe und Salate, die

---

[63] Offb. 2:17; symbolisiert die ‚Eintrittskarte' für den Besuch zu einer sehr wichtigen Person

mit Knoblauch gewürzt waren. Ich vertilgte das lukullische Mahl mit größter Lust. Natürlich hatte ich hier kein Döner Kebab[64] gegessen, oder den Brezel[65], was ich beides manchmal verwendete, um mein Energiedefizit während der Etappen aufzufüllen.

Ich begann mein Essen mit kuru fasulye[66] und viel ekmek[67], dann kam Zwiebelsuppe, dann das Hauptgericht, gegrilltes Lamm (1.Gang) und Fisch (2.Gang); schließlich – neben den Salaten – noch das efes[68], und ich schloss mit einem Glas papaz karası[69] ab. Trotz dieser verrückten Zusammensetzung hatte ich keinerlei Magenbeschwerden und schlief süß zehn Stunden lang!

Ich achtete aber weiterhin auf eine gesunde Ausgewogenheit in der täglichen Nahrungsaufnahme: reiches Frühstück, erfrischende Getränke und ein paar Süßigkeiten während des Tages; am Ende des Tages wieder ein reichliches Abendessen. Manchmal kaufte ich das geschmackvolle und nahrhafte Getränk ayran[70].

Am nächsten Morgen verließ ich Bergama und nahm mir eine Tagesration Essen mit: 1,5 Liter Wasser und auch Brot.

---

[64] geröstete Lammsstücke mit Weißbrot und Salate mit verschiedenem Dressing; eine perfekte Mahlzeit für unterwegs
[65] kann man an jeder Straßenecke kaufen
[66] weiße Bohnen
[67] weißes Brot
[68] bekanntestes türkisches Bier
[69] Rotweinmarke
[70] erfrischendes Getränk wie Yoghurt mit Wasser, etwas Zimt und Mineralien

Stille, Ruhe und Frieden lagen über der Umgebung. Auf dem Weg nach Akhisar beschloss ich, die Nebenstraßen zu testen. Die Feldwege waren gut für Fahrräder geeignet, ausgenommen der letzte, auf dem ich fuhr. Ich besuchte ein typisch türkisches Dorf. Es war bescheiden, aber sauber. Ich traf dort keinen Menschen. Wo waren die?

Nach ein paar Kilometern auf dem Feldweg quietschte etwas an meinem Fahrrad. Höchstwahrscheinlich war das die Fahrradkette. Ich hatte kein Schmierfett bei mir, also nahm ich das Quietschen in Kauf. Sicher hätte ich mich um meine Silberne Krone und nicht nur um mich selbst kümmern sollen. Offensichtlich brauchte mein Fahrrad auch von Zeit zu Zeit ‚Nahrung'. Die Kette quietschte aus ‚Hunger', und ich hatte wieder ein neues Motiv für mein philosophisches Sinnieren. Diesmal war es über ... eine Kette: Welche geistliche Bedeutung konnte es haben, Energie in Auswirkung zu tauschen? Apropos Energie: Ich spürte Schmerz in meinem linken Knie: Vielleicht überlastet? Könnte sein. Ich war an jenem Tag über 100 km gefahren; aber diese Phase war nicht so schwierig gewesen wie die erste von Izmir nach Bergama.

Das Ende dieses Tagesabschnitts kam am späten Nachmittag in Akhisar, dem antiken Thyatira. Ich fand ein sehr bescheidenes Hotel und suchte ein Restaurant. Im so genannten ‚Saloon' (Bar) bestellte ich eine große Portion Erbsensuppe, Kebab, Salat und starken türkischen Kaffee. Der Inhaber des Etablissements und zwei Kellner begleiteten mich während des Essens. Wir hatten eine sehr seltsame Unterhaltung: sie auf Türkisch und ich in anderen Sprachen. Ich bin nicht ganz sicher, ob wir einander verstanden, aber die Unterhaltung schien auf jeden Fall interessant!

Am folgenden Morgen beschloss ich, ein typisch türkisches Frühstück zu mir zu nehmen. Also ging ich in den Basar und wählte eine der vielen kleinen Bars aus. Es waren nur Männer dort (vielleicht schliefen die Frauen noch?); ich bestellte mein Menu ‚wie die anderen‘, eine weiße Suppe mit Fleisch und natürlich ekmek. Mein Mahl war sehr sättigend und köstlich.

Ich bin völlig überzeugt davon, dass die türkische Küche nicht nur sehr schmackhaft, sondern auch – wichtiger noch – sehr gesund ist.

Guten Appetit!

Kapitel

14

‚Weibliche' Stadt

In Akhisar-Thyatira sah ich viele gut aus-
sehende Frauen. Hier waren sie viel eleganter
und damenhafter als in den anderen Städten.
Stand das in Verbindung mit biblischer Zeit?

Tatsächlich war Thyatira eine ‚weibliche'
Stadt, obwohl sie anfangs sehr ‚männlich' war.
Thyatira wurde im Jahr 4 v.Chr. als Militärba-
sis an der westlichen Grenze des syrischen
Gebietes von König Seleukos I. gegründet. Ich
will hier keine Diskussion über die Rolle der
Geschlechter in der Gesellschaft herausfor-
dern. Immerhin übernahm die Frau Isebel in
der Gemeinde von Thyatira eine führende
Rolle. Dies hatte einen negativen Einfluss.
Während ich über das Sendschreiben an Thyatira nachsann, konzentrierte ich mich auf den
Aspekt, dass Gott rebellischen Menschen Zeit
gibt, zu bereuen (wie Isebel); wenn diese Gna-
de aber nicht angenommen wird, dann werden *„sie und ihre Freunde auf das Kranken-
bett geworfen werden"* und große Trübsal

erleiden. Der Leiter dieser Gemeinde wurde auch zurechtgewiesen, denn er tolerierte die Situation, indem er *„die Wege Gottes krumm machte"*[71].

Heute ist Akhisar eine ruhige Stadt mit ca. 40.000 Einwohnern, die auf Touristen einen guten Eindruck macht, mit Einkaufsstraßen und den Ruinen von Thyatira, die auf einer Fläche von fast 100/200 m im Zentrum der Stadt liegen. Der einzige Mangel ist, dass es keine Ansichtskarten und Souvenirs gibt; das ist aber nicht nur in Akhisar so, sondern auch in Izmir. Wie schade! Ich bin überzeugt, dass eine Fahrt entlang der Sieben Gemeinden sehr beliebt ist und mit der Zeit von mehr und mehr Touristen besucht werden wird, besonders von Christen aus der ganzen Welt. Wäre es nicht vernünftig von einem christlichen Verlagshaus, sowohl einige Ansichtskarten[72] als auch Souvenirs im Zusammenhang mit diesen biblischen Plätzen herauszugeben? Vielleicht wären einige Leute bereit, auf diesen monumentalen Plätzen einen Kiosk aufzustellen und eine Auswahl an Souvenirs anzubieten, um die Wünsche der Touristen zu befriedigen? Nur später, in Sardes, beim Eingang zu den Ruinen und Antiquitäten, fand ich zufrieden stellende Ansichtskarten von den Sieben Gemeinden, und kaufte alle, genau 25 Stück, um sie an die Fa-

---

[71] vergl. Apg. 13:10b
[72] ich beschloß, das zu tun; Ansichtskarten von den 7 Gemeinden, dem Lykostal, Tarsus und Antioch sind druckbereit

milie und Freunde zu schicken. Verschiedene türkische Touristengesellschaften und säkulare Herausgeber versuchen ihr Bestes, die Nachfrage der Touristen zu befriedigen, doch im Fall der typischen biblischen Plätze wären die bestqualifizierten und konkurrenzlosen Leute dafür die am Ort wohnenden geistererfüllten Christen, die den Geist ihres eigenen Landes ‚fühlen'.

Dieser oben erwähnte Gedanke kam mir während meines Spazierganges durch die formatierten Steine aus alter Zeit in Thyatira – das Gelände mit einem ansprechenden Sicherheitszaun und geschmückten Eingang.

Wie ich vorhin anmerkte, ist das ein kleiner Platz und daher wollte ich ihn genauer studieren. Solche stressfreien Spaziergänge zwischen den Ruinen wecken einmalige und verschiedene, manchmal tiefere Ideen und Gedanken. Weiters entdeckte ich an einigen Plätzen eine feinsinnige Symbiose zwischen der Natur und den antiken Säulen. Das Altertum gibt es nicht mehr, ausgenommen einige Überreste und Spuren über früheren Lebensstil und Glaubensstrukturen; diese zeigen uns den Aufstieg und Niedergang verschiedener Kaiserreiche und wie ihre Obrigkeiten waren. Ja, die Antike ist wie ein Friedhof, doch immer fesselt sie und erregt Bewunderung.

Zwischen diesen antiken, verstreuten, steinigen Plätzen fand ich Leben: entweder in Form schöner, winziger Blumen, die sich die

Sonnenplätzchen in den Spalten ausgesucht hatten, Wurzeln, die große Steine bewegen und mit ihrer Kraft hemmen, oder sogar Verunreinigungen durch Absonderungen der Vögel.

Während ich filmte, flog eine Taube zu mir herunter. Eine Taube ist ein Symbol des Heiligen Geistes. Wollte mir der Heilige Geist etwas sagen? Dass Er war und ist und sein wird, dass Seine Dimensionen unvergleichlich zu unseren Dimensionen sind, oder wie im Sendschreiben an Thyatira: Wachet, lasst euch nicht irreführen und haltet fest an dem, das ihr habt?

Ein schöner, erfrischender und meditativer Morgen in Thyatira endete gerade in der Konditorei, in die der gastfreundliche Eigentümer mich einlud und mir Kaffee und Kuchen servierte (gratis!). Er hatte mich vorher beim Filmen beobachtet. Vielen Dank! (Vielleicht sollte ich öfter in der Nähe von Konditoreien und Restaurants filmen?)

Gegenüber meinem früheren Plan war ich einen Tag voraus. Ich war schon durch Thyatira ‚meditiert', und jetzt zog ich weiter! Aber ich bin nicht sicher, ob ich die Botschaften, die mit dieser Stadt in Zusammenhang stehen, verstehe, denn Thyatira ist eine ‚weibliche' Stadt ...

Kapitel

15

Straßen

Straßen sind Verbindungen. Dies gilt besonders für die Türkei, die eine Verbindung zwischen Asien und Europa, Osten und Westen, Orient und Okzident, Islam und Christentum, alt und neu (auch in buchstäblich biblischem Bezug zum Alten und Neuen Testament) ist. Fesselnd!

Eine Straße ist auch ein Beförderungsweg und hier identifiziert sie sich mit den türkischen Vorvölkern: Sumerer, Babylonier, Assyrer, Hethiter, Perser, alten Griechen, Römern, Byzantinern, türkischen Nomaden[73], Seldschuken[74], Ottomanen[75] und heutigen Türken! Diese Straßen waren Beförderer der verschiedensten Ideen, Glaubenssystemen; Abenteuerplätzen, Tragödien und Augenblicken des Glücks.

---

[73] aus der nördlichen Mongolei und von Zentralasien kommend

[74] einer der großartigsten Stämme, regierte hier vor Jahrhunderten Anfang des Mittelalter

[75] Ottomanisches Reich, auch Osman genannt, entstand zur gleichen Zeit wie die Reformation in Europa und bestand bis zum Ende des ersten Weltkriegs

Schließlich ist eine Straße wie eine Geschäftskarte des jeweiligen Landes. In der westlichen Türkei sind die Straßen gut. Ich erprobte viele von ihnen und muss sagen, sie sind nicht nur für Fahrräder gut (oft gibt es breite Straßenränder), sondern auch für alle anderen Fahrzeuge.

Während ich mit meiner Silbernen Krone auf den schnurgeraden Abschnitten entlang eines breiten Tales dahinradelte, dachte ich daran, wie wichtig Straßen in unserem Leben sind, besonders symbolhaft. Wir haben unsere Straßen: steinig und betoniert, eng und breit, beschwerlich und bequem ... Wir bewegen uns auf ihnen und tragen große und kleine Probleme, Sorgen und Fröhlichkeit mit uns. Doch da sind zwei äußerst wichtige Punkte für jeden Weg: der Anfang und das Ende. Es ist mehr oder weniger unsinnig, ohne diese zwei Punkte zu bedenken, die Straßen zu ziehen; das hieße, nur um der Straße willen auf ihr dahinzuziehen. Für eine kleine Weile mag das in Ordnung sein, aber fürs ganze Leben? Jeder meiner Tage hat eine Zielsetzung, ebenso meine ganze Reise. Ich habe ein klares Ziel!

Um die Ziele meiner Reise zu erreichen, benötigte ich eine Landkarte, und ich verwendete sie oft. Sonst würde ich ziellos umherirren. Ich bin absolut überzeugt – denn ich erlebte es – dass die beste und zweckgebundendste Reise die ist, wenn wir auf Gottes

‚Straße' dahinziehen[76]; sogar wenn sie manchmal schwierig und steinig ist. Das Ziel ist das Wichtigste. Was wir brauchen, um auf dieser Straße zu ziehen, ist die ‚Große Landkarte'. Das ist die Heilige Schrift und ebenso auch verschiedene (und geprüfte) Führer.

Heute musste ich auch den Reiseführer verwenden.

Die ersten Zweidrittel der Etappe waren Flachland, entlang von Baumwollfeldern, Olivenhainen, bis kleine Hügel ins Blickfeld kamen. Ich machte alle 25–30 km eine Pause, stellte mich auf einen der Hügel und beobachtete mit Hilfe meins Camcorders den großen See Marmara Gülü mit seinen Scharen großer Vögel.

Seit ich an diesen Ort kam, wurde meine Aufmerksamkeit auf die pyramidenartigen Grabhügel mit ihrem gelben Gras und ihren niederen Büschen gelenkt. Zuerst sah ich drei und später mehr und mehr entlang der Straße. Sie interessierten mich, denn sie sahen sehr natürlich aus, aber ihre Regelmäßigkeit war verdächtig. Ich hielt an und suchte in meinem Reiseführer, ob darüber etwas geschrieben stand. Jawohl! Ich las, dass diese Grabhügel Gräber der lydischen Herrscher[77] in Bin Tepe nahe Sardes sind.

Das war mein erstes Zusammentreffen mit den unberührten Plätzen und Objekten, die

---

[76] Jesus sagt: „Ich bin der Weg ..." – Joh. 14:6
[77] die größten gehören King Alyattes

von Forschern (mit einigen Ausnahmen), Archäologen, Historikern unberührt geblieben waren. Erstaunlich! Dennoch konnten dort große Schätze liegen, denn einer dieser Herrscher war der berühmte Krösus.

In mir keimte ein Gedanke auf (höchstwahrscheinlich nicht real): Aus der Welt einen besseren Platz zu machen. Die großen Politiker in unserer Zeit sollten ihre Ausgaben für Rüstung und Bewaffnung (gegen wen? gegen sich selbst!) verringern, und mehr Geld (aus unseren Steuern) für archäologische Ausgrabungen verwenden, wie hier in Bin Tepe oder anderen geheimnisvollen Orten, die an den Straßen der Menschheit liegen!

Kapitel

16

Sind Launen falsch?

Wart ihr schon genervt mit dem biblischen Text, ‚die Karte‘? Ich schon! Bevor ich mich Salihli näherte, las ich das Sendschreiben an Sardes (nahe Salihli) und war ärgerlich: „Ich lese die ganze Zeit über negative Dinge, über Tadel; jetzt habe ich genug! Wann komme ich endlich nach Philadelphia? Was bedeutet dieser Vergleich mit einem Dieb (Vers 3)? Warum sollte Jesus solche Überraschungen verkünden (Vers 3)?“

Manchmal gibt es Augenblicke, wo uns nichts berührt. Es könnte der Einfluss von ‚loca infesta‘[78] sein, aber manchmal sind die Gründe kleine Hindernisse unter dem Fernglas. In meinem Fall waren es immer mehr die quietschende Kette und mein geschwollenes Knie. Als ich in einem Vorort von Salihli ankam, fühlte ich mich durch die vielen kleinen und nicht sehr gut repräsentierten Werkstätten noch schlechter. Erst als ich das Hotel (Akgül)

---

[78] siehe Fußnote 54

fand, änderte sich meine Laune. Und wieder spielten unwichtige Faktoren eine wichtige Rolle in meinen Gemütsbewegungen: Der freundliche Besitzer, der ganz passabel Englisch sprach und mir half, mein Gepäck in den ... 10. Stock zu tragen (der Lift war kaputt), wo ich ein nettes Zimmer bekam, mit einem praktischen Badezimmer und einem Balkon mit einer Sicht in Richtung Sardes und seine großen umgebenden Berge.

Hotel Akgül
in Salihli / Sardes

Ich wusch einiges Gewand, gönnte mir eine Dusche, aß ein gutes Abendessen und ruhte mich auf dem Balkon aus. Ich versuchte, genauer auf die Gebetsgesänge der Muezzin zu hören. Sie sangen von elf Minaretten (ich zählte sie genau). Dann kam ich zu dem Schluss, dass dieses Singen dieselbe Rolle spielt wie die Glocken in den meisten europäischen Ländern. Ist das Singen der Muezzin und das Glockengeläute notwendig und wirksam? Ich bezweifle das.

Da war eine ‚Farbenmelodie' beginnend von Gold hinunter bis zum Sonnenuntergang erkennbar. Das war wirklich begeisternd! Seltsam, dass es mit der Farbe Gold endete, denn hier war mehr Gold als in Eldorado.

Sardes wurde zur Zeit der lydischen Herrscher, deren erster König Gyges (680–652 v.Chr.) und deren letzter Krösus (561–546 v.Chr.) war, der ‚antike Bill Gates', gegründet, und dann übernahmen die Perser. Die größte Pracht von Sardes war ihr Reichtum zusammen mit reichlichen Gold– und Silberlagern. Natürlich hatte das die Menschen zu verschiedenen Phantastereien, Legenden und Mythen inspiriert. Ein Mythos erzählt vom antiken König Midas: Alles, was er berührte wurde zu Gold, sogar sein Essen. Armer reicher Mann, er stand in der Gefahr, zu verhungern! Als er sich schließlich im Fluss Paktolos wusch, verschwand der Fluch, und der Fluss nahm das Gold und gab es den Lydiern. Daher sagten die Menschen, dass das Gold vom bergigen Tomolos den Fluss Paktolos hinunterfloss. Die Lagerungen von Tomolos enthielten (so sagen die Historiker) 2 Gramm Gold in einem Kubikmeter. Zur Zeit des Römischen Reiches war das Gold (wahrscheinlich!) aufgebraucht.

Auch im 7. Jahrhundert v.Chr. wurden hier zum ersten Mal in der Geschichte Münzen hergestellt.

Nachdem ich über diese Gegend einiges aus der Geschichte gelernt hatte, las ich das Sendschreiben an Sardes nochmals. Durch den Zusammenhang mit diesem Hintergrund verstand ich es besser. Daher ärgerte ich mich nicht mehr, obwohl Sardes nicht so persönlich zu mir sprach wie Smyrna oder Pergamon und später Philadelphia, oder wie Laodicea und Ephesus während meiner ersten Türkeireise.

Hier noch etwas sehr Wichtiges: Es gibt Christen, die behaupten, Stimmungsschwankungen (Launen) seien nicht o.k. Ich habe eine andere Ansicht. Als fleischliche Lebewesen sind wir Teil der gesamten Natur und ihren verschiedenen Einflüssen, fortlaufenden Belastungen, magnetischen Polen und sogar abhängig von den verschiedensten Wetterbedingungen. Gott hat uns nicht in hermetisch abgeschlossene Käfige gesetzt oder uns zu frommen Idealen geschaffen. Anstatt uns selbst wegen unserer Launen zu beschuldigen, sollten wir uns ihrer bewusst sein und sie als etwas Naturgegebenes und Normales annehmen. Dann wäre es viel leichter, damit umzugehen. Und außerdem gibt es eine wirkungsvolle Vorbeugung dagegen: ausruhen! Und wenn ‚loca ainfesta' oder Sünde der Grund für unsere Launen sind, finden wir einen sehr guten Ratschlag im Sendschreiben an die Gemeinde in Sardes: *„Sei bekleidet mit weißen Gewändern"*.

In fröhlicher Erwartung des nächsten Tages ging ich mit einem sehr guten Gefühl zu Bett.

Kapitel

17

Ungeteilter Sonntag

Sonntag – ich teilte ihn mit niemandem anderen, nur mit Gott.[79] Diesen Tag, selten genug, verbrachte ich gerne mit mir allein. Es gab niemanden, der mich mit Verbindlichkeiten oder Verpflichtungen gestört hätte wie z.B., „gehen wir doch dort und dorthin", „lass uns doch etwas unternehmen", „ich kann das nicht mehr machen!", und ich war mit keinem „lass uns doch" belastet. Ich schlief solange ich wollte, nahm mir Zeit für mein Frühstück und tat genau das, was ich tun wollte. Welch ein Vergnügen! Ich bat Gott um Seine Führung, natürlich, und ich weiß, dass Er mir diese gab ohne (wie ich denke) Behinderung von meiner Seite.

Ich verließ das Hotel und radelte nach Sardes.

„Mein Vater, danke für diesen neuen Tag!"

„Ich werde dir heute wieder interessante Dinge zeigen" – schien Er mir zusagen.

---

[79] in meiner Muttersprache (Polnisch) bedeutet Sonntag ‚niedziela', was man mit ‚nicht zerteilt' übersetzen könnte

Nach einigen Kilometern erkannte ich (wie ich schon von Bildern wusste) ein antikes Gymnasiongebäude. Ich wusste, in welche Richtung ich fahren sollte. Außer der Eintrittskarte kaufte ich (wie erwähnt[80]) alle Ansichtskarten der Sieben Gemeinden.

Das antike Sardes umfasste ein größeres Gebiet. Ich begann meinen Besuch im Zentrum der Stadt. Es war ein wunderschöner, sonniger Tag. Im Allgemeinen ist das Wetter in Westanatolien sehr gut. Die hohen Temperaturen machen durch die niedere Luftfeuchtigkeit keine Beschwerden. Zusätzlich war es jetzt recht erfrischend, leichter Wind, Ruhe und Frieden. Während meines zweistündigen Besuches traf ich nur ein jüdisches Ehepaar aus Amerika.

Juden kommen hierher, weil es Überreste einer der größten Synagogen in der Diaspora aus der Zeit der Zerstörung ihres Volkes gibt.

Es war sehr erstaunlich, dass damals die Umgebung der Synagoge mit dem großen Gymnasion ein zentraler Platz für die Kultfeste des Kaisers war. Irgendwie passten sie nicht zusammen, und ich kann mir vorstellen, dass dies ernsthafte Konflikte hervorrief.

Noch anstößiger war der ca. 1 km entfernte Tempel der Artemis[81], mit ‚angeklebten' kleinen Kirchengebäuden aus dem 5. Jahrhundert.

---

[80] Kapitel 14
[81] entsprechend der griech. Mythologie war Artemis eine Jungfrau und eine strenge Jagdgöttin. Ihr größtes Kulturzentrum lag in Ephesus

Sardes

Vielleicht war das die Art, wie damals Christen diesen Ort ‚reinigen' wollten. Wenn dem wirklich so war, dann sah es angriffslustig aus. Es stimmt, dass in jener Zeit das Christentum von echtem, biblischem Christentum abgewichen war. Diese Mesalliance zwischen Christentum und Heidentum erzürnte mich so sehr, dass ich mit der Universität in Princeton, USA, in Kontakt treten wollte. Diese Universität führte 1910–1914 unter Leitung von Crosby Butler archäologische Ausgrabungen in Sardes durch. Doch nach einer Weile fand ich, es wäre besser, statt erzürnt zu sein, mich über jene Probleme zu ‚erheben'. Ich war von hohen, steilen, 2 km entfernten Berg angezogen, auf dem die Überreste der Akropolis[82] von Sardes lagen. Also, warum sollte ich nicht dort hinaufgehen? Niemand wartete irgendwo auf mich, und ich hatte genug Zeit! Ich beschloss,

---

[82] Akropolis – Oberstadt

den Berg zu erklimmen; das war nicht sehr leicht, manchmal sogar riskant. Bei meinen Bergwanderungen bin ich immer sehr sorgsam, denn ich habe viele Erfahrungen aus meiner Kindheit, als ich mit meinem Vater die wunderschönen Wege in den Beskiden durchstreifte und Gottes wunderbare Schöpfung bewunderte. Jetzt stieg ich zur Akropolis in Sardes hinauf und erinnerte mich an diese Kindheitserlebnisse. Nach 45 Minuten erreichte ich den Berggipfel und wurde mit einer wunderschönen Aussicht auf die goldschimmernde Umgebung und einmalige Szenerie, geeignet für Meditation, Gebet und Visionen, belohnt.

„Per aspera ad astra"[83] – es schien, als flüsterte mir Gott wieder die Aktualität dieses alten lateinischen Ausspruches zu; Er ermutigte mich zu tieferen Gedanken.

Ja, wenn wir in unserem täglichen Leben mit Problemen kämpfen, zeigt uns Gott einen ‚Gipfel.' Das bedeutet, ‚steig hinauf', ‚klettere bergauf', auch wenn wir auf diesem Weg stolpern können! Oben auf dem ‚Gipfel' ist es nicht nur schöner, sondern der Ausblick ist auch viel umfassender. Es ist viel besser als ‚unten', wo es so viele ‚sardische Mesalliancen' gibt, die nicht zueinander passen.

Auf meinem Rückweg zum Hotel blieb ich bei einer Straßenbar stehen. Während ich auf mein Essen wartete, sah ich eine Herde Scha-

---

[83] von Dornen zu Sternen

fe, die schon klar von den Ziegen getrennt war[84] – ein interessantes Bild für meine heutige Meditation.

Anfangs irritierte mich das Sendschreiben an Sardes, aber jetzt ist es, als hätte Gott mich in der Tiefe meines Geistes berührt:

„Ich wünschte, dein ganzes Leben wäre ein ungeteilter Sonntag."

---

[84] vergl. Matt. 25:32: „...*Er wird sie voneinander scheiden, wie ein Hirte die Schafe von den Ziegen trennt.*"

Kapitel

18

Allzu gut ist nicht gut

Ich begann die neue Woche gesättigt mit den Erfahrungen des gestrigen Tages und völlig regeneriert. Im Gegensatz zu mir, ‚beklagte' Silberne Krone sich ‚quietschend' bei mir. Natürlich, wie konnte ich meinen ‚Träger' und ‚Gefährten' vergessen! Bis jetzt hatte ich nichts unternehmen können, denn die Werkstätten sind übers Wochenende geschlossen. Daher ging ich vor der nächsten Etappe zur nächsten Werkstatt und verlangte Öl. Ich bekam sofort eine ganze Tube Öl und bevor ich anfangen konnte, brachte mir jemand eine Dose Fett und wollte die Kette meines Fahrrades schmieren. Es war nicht einfach, ihm zu erklären, dass das nichts Gutes war. Ich erinnerte mich an den wichtigen Rat meines Mechanikers in Flensburg, der mich vor übertriebener Schmierung gewarnt hatte, denn Fett zieht auch Staub an, und dann werden die beweglichen Teile viel schneller kaputt. Nur gerade soviel Öl verwenden, wie nötig. Zu viel des Guten ist nicht gut. Ich weiß nicht, ob der freundliche Mechaniker meine Gesten verstand, aber die beiden Männer hatten mir ihren Wunsch, mir zu helfen, sehr eindeutig klar gemacht!

Heute hatte ich nur eine kurze Strecke vor mir, von Salihli nach Alaşehir, dem Nachfolger vom antiken Philadelphia. Entsprechend meinem Plan, sollten es nur 60 km sein, doch es waren nur etwas mehr als 40 km. Ich wusste, dass es in Philadelphia nicht viel zu sehen gab, also kämpfte ich mit mir, ob ich nur einen kurzen Besuch machen soll und meine Reise fortsetzen. Doch eine innere Stimme flüsterte mir etwas zu: meinen Prinzipien treu zu bleiben, nämlich mindestens einen Tag an jedem Ort der Sieben Gemeinden Halt zu machen, dort zu beten und im Zusammenhang mit den Bibelstellen zu meditieren. Ich widerstand der Versuchung, zum nächsten Ort meiner Reise zu rasen und beschloss, Philadelphia meine Aufmerksamkeit zuzuwenden.

Philadelphia wurde zwischen 159 und 138 v.Chr. von Attalus II Philadelphus von Pergamon gegründet. In römischer Zeit hieß die Stadt ‚Klein Athen', was zeigt, dass sie im Vergleich zu dem grandiosen Kulturzentrum des antiken Griechenlands eine wichtige Bedeutung hatte. Leider wurde sie, wie die meisten antiken Städte, im 17. Jahr n.Chr. durch ein Erdbeben zerstört.

Interessant ist noch, dass Alaşehir heute für seinen Wein sehr bekannt ist. Es gibt dort die besten Trauben in der ganzen Türkei.

Ich sah die Flaggen der türkischen Bruder-staaten[85] und große Bilder ihrer Führer, bevor ich in das Stadtzentrum einfuhr. Fand hier eine wichtige Konferenz statt? Ich weiß es nicht. Aber eine andere ‚Konferenz' war schon für mich vorbereitet, und zwar inmitten der Ruinen des antiken Philadelphia.

Ich ging in ein nettes, sauberes und billiges Hotel, versandte Ansichtskarten, aß ein bescheidenes Mahl und spazierte zu den Ruinen! Alaşehir hat ca. 45.000 Einwohner, aber sehenswert sind sein Zentrum und seine Umgebung; daher brauchte ich mein Fahrrad nicht mitzunehmen. Ich will ihm erlauben, sein Öl und sein Fett richtig zu genießen!

Bald war ich an einem Platz mit Überresten des antiken Philadelphia. Das Gebiet war sogar kleiner als Thyatira in Akhisar, gut gepflegt und hatte auch noch einen freundlichen Wächter. Auf einem abgegrenzten Areal standen drei hohe und dicke Säulen, Überreste des alten Tempels.

Philadelphia

[85] Aserbaidschan, Kasachstan, Kirgisistan, Tadschikistan, Turkmenistan, Usbekistan

In einer Ecke sah ich Ausgrabungen, von denen wertvolle Stücke nahe dem Informationsstand für Touristen ausgestellt waren. Ich machte einige Dias, filmte ein paar Minuten und begann auf diesem einsamen Platz über das Sendschreiben an Philadelphia nachzusinnen.

Das zumindest war Balsam für mein betrübtes Herz! Wieder las ich über die Krone, und mir wurde klar: Nirgendwo ist der Vergleich eines Überwinders und einer Säule so klar wie hier bei den drei Säulen in Philadelphia. Ich war entzückt (wusste aber nicht warum?) über die Formulierung *„du hast eine kleine Kraft"* mit Verheißungen guter Zukunftsaussichten. Ich las irgendwie traurig über die verschlossene Tür, ja, alle Türen hatten sich vor mir verschlossen: in Polen, in Deutschland ... nur in Dänemark gab es einen kleinen Spalt ...

„Aber Moment mal ... 1996 in Mauritius ... ja, ich hatte ja noch eine offene Einladung dort!"

Meine Augen richteten sich auf die sehr schmale Öffnung des Haupttores von Philadelphia, und ich beschloss, die noch offene Einladung nach Mauritius[86] gleich nach dieser Fahrradreise auf die Probe zu stellen.

Fast von diesem Augenblick an begleitete mich dieser kreative Gedanke fortwährend. Er folgte mir während meinem Weg auf dem Hügel

---

[86] siehe Kapitel 31

über der Stadt, wo ich eine sehr interessante Symbiose von Vergangenheit und Gegenwart fand (sicherlich verbergen diese Hänge viele Geheimnisse!). Diese Gedanken waren mit mir, als ich an einem Schulhof vorbeiging, wo mich alle Kinder fröhlich grüßten, auf der Einkaufsstraße, wo ich beschloss, dass wir alle in Gruppen von Beobachtern und Menschen, die beobachtet werden, zerfallen; und schließlich während ich in der Nähe eines kleinen Brunnens ein Gespräch mit dem 15-jährigen Ahmet führte. In der Tiefe meines Herzens wurden bereits die Gedanken an Mauritius gesät!

Ich spürte, wenn ich ‚zu gut‘ wurde und versuchte, meinen Plan schneller zu verwirklichen, indem ich meine Fahrt noch am selben Tag fortsetzte, diese ungewöhnlichen Konsequenzen hätte ich wahrscheinlich später nicht erfahren. Allzu gut ist nicht gut! Durch die Überwindung der Versuchung, Philadelphia nur einen kurzen Besuch abzustatten, hatte ich nicht nur eine neue Woche begonnen, sondern (obwohl ich das noch nicht wusste) einen ganz neuen Schritt in eine fesselnde Zukunft! In Philadelphia zeigte Gott mir die ‚offene Tür‘.

Kapitel

19

Es regnet und quietscht

In der Zwischenzeit wartete Silberne Krone, inzwischen gut ausgerastet, auf neue Erfahrungen. Wirklich, dieser Tag war reich und interessant!

Ich verließ Alaşehir um 8 Uhr morgens. Der Himmel war auf drei Seiten mit schwarzen Wolken bedeckt, nur in der Richtung, in die ich fuhr, war es klar. Ich war umzingelt und floh! Die 25 km nach Sarigöl waren erfolgreich, aber schließlich überraschte mich der Regen am Anfang der Serpentinen; ich musste mein Fahrrad schieben, denn die Straße war zu steil. Das war der einzige Regen, den ich auf dieser Reise erlebte. Jetzt hatte ich eine gute Gelegenheit, meinen Regenmantel auszuprobieren. Das Resultat war sehr zufriedenstellend. Ich schloss daraus: Wer einen guten Schutz hat, den stört der Regen nicht, sondern im Gegenteil, er erfrischt!

Vorbei an Buldan, einer bekannten Baumwolltextilstadt, fand mein erfrischter Geist auf der Landkarte entlang der Seitenstraße einen Namen, der aufregend klang, ‚Tripolis‘[87]. Könnte ein interessanter Ort sein, besonders weil er an das berühmte Tal des Lykosflusses[88] anschloß.

Der Regen hatte aufgehört, und einige Kilometer weiter öffnete sich eine wilde, mysteriöse Landschaft vor mir. Geschnitzte Steine, Reste irgendeines Tempels lagen nahe bei der Straße. Etwas weiter, ca. 300 m von der Straße entfernt, waren ein paar elende Schuppen; das ganze Gebiet mit Resten von alten Gebäuden und Säulen war ca. 1 km² groß.

unbekannte Tripolis

Ich hatte eine Gänsehaut, als ich diesen Platz betrat. Im Unterbewusstsein spürte ich, dass es hier etwas Besonderes gab. Ich war

---

[87] bedeutet ‚Drei-Stadt‘; früher gab es einige Tripolis, heute auch noch: die zweitgrößte Stadt im Libanon, die Hauptstadt Libyens und eine kleine Stadt in Griechenland

[88] Lykos ist der Nebenfluß des Menderes Nehri (Mäander), an dem Tripolis liegt

wirklich sehr beeindruckt von diesem Paradies für Archäologen. Am Gipfel eines kahlen Berges waren irgendwelche Ruinen von vielleicht einem alten Schloss oder einem Bollwerk.

Als ich ein Schild mit dem Wort ‚Kaplica‘[89] sah, beschloss ich, einen Rundgang zu machen.

„Lebt hier ein polnischer Pilger?" wunderte ich mich.

Es schien so, denn auf der anderen Seite von Tripolis entdeckte ich den Kalksteinberg mit vielen Höhlen, die auf einen primitiven Lebensstil deuteten.

Geheimnisse, Rätsel, Wildnis, Öde, Steine über der Straße und ein Fuchs, der in einer Furche verschwand. Was ist dieses Tripolis? Was war hier? Was ist hier verborgen und welche Geschichten könnte dieser Ort erzählen?

Mit ‚Kaplica‘ kam ich nicht weiter. Als ich es schließlich erreichte, entdeckte ich, dass es bloß ein einfaches Wirtshaus mit dem Namen ‚Kaplica‘ war.

In den Lichtstrahlen radelte ich auf der Straße zu meinem heutigen Zielpunkt, Pamukkale, auf der gewundenen, steinigen Straße, die parallel zum Fluss verlief, dahin.

„Was ist das? Es quietscht schon wieder!"

Mein erster Gedanke war: Das ist der Fahrradsitz; die Kette schloss ich aus, denn die war ja gerade erst gefettet worden. Ich hielt an und untersuchte das Fahrrad – es schien alles in

---

[89] ist ein polnisches Wort für ‚Kapelle‘

Ordnung zu sein. Ich fuhr wieder los und wieder ... quietsch! Das kleinste Quietschen oder Klopfen an eigenem Fahrrad kann sehr irritierend sein. Um Schlimmeres zu vermeiden, beschloss ich, das Rad genau untersuchen zu lassen. Ich als Mechaniker! Nein! Da liegen Welten dazwischen! Doch Not macht erfinderisch, also könnt ihr euch das vorstellen? Fast war ein Wunder geschehen (in meinem Fall ganz sicher!): Ich fand die Ursache für das Quietschen und behob sie professionell. Es war das Pedal, das nicht fest genug angeschraubt gewesen war.

Beständig, von Zeit zu Zeit (meistens hinter Linkskurven) lockte mich die immer schneeweißer leuchtende ‚Baumwollfestung‘, Pamukkale, mit seinem Wunder aus Kalksteinen und braunen Bergen im Hintergrund. Raffiniert!

Vor dem ästhetischen und künstlerischen Ende meines Tagesabschnittes stärkte ich mich an einem kleinen Kiosk in Akköy mit Kuchen und Fruko. Der junge Verkäufer, der mir diese Dinge zum Aufladen meiner Energie verkaufte, war ... ein islamischer Theologie–student. In einer kurzen und freundlichen Unterhaltung, schlug ich ihm vor, später eine theologische Diskussion zu führen (via Internet) – wie schade, dass er nicht antwortete!

Ja, sogar im Leben gibt ‚quietsch‘-Probleme wenn sie nicht ordentlich untersucht und ‚angeschraubt‘ sind.

Kapitel

20

Auf amerikanische Art

Ich hatte das Gefühl, wieder nach Hause zu kommen. Wenn ein Wanderer wieder zu Orten zurückkehrt, an denen er schon gewesen ist, dann hat er dieses ‚wieder-nach-Hause-kommen' Gefühl. Während dieser Reise besuchte ich nur neue Plätze, aber jetzt war ich zurück an den Plätzen, an denen ich vor fünf Monaten[90] gewesen war. Im Mai war ich eigentlich nur kurz dort gewesen, doch das war mehr als genug, um sich darüber Gedanken zu machen.

Heute wollte ich einige gute Fotos machen und den Sonnenuntergang von der oberen Plattform der Baumwollfestung aus filmen.

Diesen sehr interessanten Platz kann man in vier verschiedene Teile teilen: zwei verschiedene Naturwunder, die antike und die zeitgenössische Welt.

An der Nordseite gibt es die bekannten heißen Bäder von Karahayıt, stark eisenhältig,

---

[90] siehe Kapitel 1 und 3

die rote und dunkelgrüne Farbschattierungen auf die Felsen zeichnen.

Einige Kilometer weiter südlich, auf dem breiten Hochplateau, gibt es viele gut erhaltene Ruinen der antiken Stadt Hierapolis. Es gab eine christliche Gemeinde[91] in der Stadt. Laut den Schriften des Eusebius, gab es eine Verbindung zwischen Hierapolis und dem Evangelisten Philippus. Wahrscheinlich starb er hier den Märtyrertod; das würde das so genannte ‚Martyrium des Philippus‘ aus dem 5. Jahrhundert bestätigen. Der Name der Stadt leitet sich von Hera, der Gattin des mythologischen Gründers von Pergamon, Thelesphorus, ab. Bedeutet auch ‚heilige Stadt‘. Die wichtigsten Überreste in Hierapolis sind das römische Amphitheater, das Domitians Tor und Nekropolis[92].

Pamukkale / Hierapolis

---

[91] vergl. Kol. 4:13
[92] bezeichnet eine größere Begräbnis- und Weihestätte des Altertums

Doch seine besondere kultische Bedeutung und Heilungseigenschaft standen mit einem unterirdischen Wasserlauf in Zusammenhang, der giftige Plutoniumgase enthält und aus-strömt[93].

Die westlichen Steilhänge von Hierapolis zeigen märchenhafte Kalkterrassen mit kleinen Teichen, Pamukkale, alle sehen wie Muscheln aus oder breite Kerzen, mit einer Vielfalt von Wachsformen, die an den Seiten hinabfließen – Stalaktiten. Azurblaues Wasser scheint von innen heraus und reflektiert zusätzlich die rosa blühenden Oleander-sträucher an den Seiten. Die Rahmen sind weiß. Die Wassertemperatur erreicht 40°C und das Wasser enthält Kalziumkarbonat. Man kann diesen steilen Hang (ca. 100 m hoch) quer hinaufgehen (ohne Schuhe) und in Teichen plantschen.

Und dann gibt es etwas weiter abwärts in einer kleinen Siedlung einige Hotels, Pensionen, Restaurants, Geschäfte und Boutiquen, die auf die vielen Touristen warten, die hierher kommen.

Nur mehr eine Stunde bis zum Sonnenuntergang, und ich hatte noch die Serpentinenstraße hinauf nach Hierapolis zu fahren!

„Nein! Serpentinen sind nichts für mich: zu weit und zu lang! Je kürzer der Weg umso besser! Wie in Izmir[94]."

---

[93] im Untergrundreich des Plutos (Mythologie)
[94] siehe Kapitel 9

Wie in Izmir so auch hier, unterschätzte ich meine Unternehmung, obwohl ich mein Ziel erreichte! Ich bewegte mich den sehr steilen, unfruchtbaren Hang hinauf und schob mein bepacktes Fahrrad mit mir. Ich hatte große Schwierigkeiten, den ausgetrockene Fluß zu überqueren, aber ich wurde mit wunderbaren hellen Farben auf dem kalksteinernen Boden des Flusses belohnt. Kurz bevor ich den Gipfel erreichte, zeigte mir mein Kilometerzähler am Fahrrad für diesen Tag genau 100 km an (gefahren und geschoben)! Ich fühlte mich wie Lance Armstrong[95].

Und auf amerikanische Art, rasch, leicht und auf den Punkt, erfolglose Versuche billigere Eintrittskarten zu bekommen, der Camcorder, der Fotoapparat, Klick, bzz, Ruinen, das Domitians Tor, Sarkophage, Kuppelgräber, Klick, bzz, ein Verkäufer von Ansichtskarten und von ‚alten' Münzen, nicht für mich, bitte, die Kalksteinterrassen, bzz, Klick, die Sonne, die sich zum ‚Gutenacht-Sagen' in den kaleidoskopartigen Spiegeln von Pamukkale reflektiert, immer schneller untergehend, es macht nichts, fein! Super! Bzzzz … Ich hab's!

Es war bereits dunkel, aber ich war zufrieden und glücklich, während ich rasch den Hügel der Serpentinenstraße (ja!) hinunter ins Tal ging. Ich fand ein sehr gutes und billiges Hotel, Yildizhan (kann ich empfehlen), hatte

---

[95] ein ausgezeichneter amerikanischer Radfahrer, siebenfacher Gewinner des größten Rennens: der Tour de France

ein reichhaltiges Abendessen in einem nahe gelegenen Restaurant und ... fühlte mich überhaupt nicht müde nach diesem erschöpfenden Tag – ich schlief ein (auf eine amerikanische Art!).

Kapitel

21

Der verlorene Brief

Die Überreste von Laodizea sind irgendwie ungewöhnlich. Das Gebiet erinnert an Tripolis, strahlt aber Wärme aus. Ich merkte das zum ersten Mal im Mai, während des dichten Regens; und jetzt während des wunderbaren wolkenlosen Wetters spürte ich es genauso. Und wie in Tripolis, ebenso wie hier, bekam ich eine ‚Gänsehaut‘ auf meinem Rücken. Doch diesmal wurde das Gefühl durch Gedanken und Fantasien über das verloren gegangene Schreiben an die Laodizäer verstärkt. Natürlich schrieb Paulus zwei parallele Briefe[96]: einen an die Kolosser, den wir jetzt haben, aber irgendetwas geschah mit dem anderen. Ich frage mich: Was wohl? Ich betrachtete verschie-

---

[96] auf der Akademie und später von theologischen Kommentaren her, lernte ich, dass der Brief an die Laodizäer nichts anderes als eine Kopie des Briefes an die … Epheser war. Es ist eine sehr kontroverse Hypothese. Ich glaube, dass der Brief an die Laodizäer im Original vorhanden gewesen war und dann verlorenging; es genügte, den Brief an die Kolosser zu lesen: 4:16, um zu verstehen: *„Und wenn der Brief bei euch gelesen ist, so veranlaßt, daß er auch in der Gemeinde der Laodizäer gelesen werde und daß auch ihr den aus Laodizea lest.“* Das bedeutet ganz klar, dass es einen Brief an Laodizea gab!

dene Überreste der alten Gebäude, und über-
legte die Möglichkeit, dieser Brief könnte irgendwo unter Steinen oder Erde liegen.

Sicherlich hatte diese antike Stadt viele dra-
matische Ereignisse erlebt; schon allein die
Umstände des gegebenen Namens waren eigen-
artig. Der Seleukidenkönig Antiochus II. betete seine Frau Laodike[97] an. Später verliebte
er sich in die schöne Berenike und … das war
der Grund für den so genannten ‚Krieg von
Laodizea'[98]. Erdbeben, Wiederaufbau, Kriege,
erneute Erdbeben und von Anfang der Siebzi-
gerjahre im 20. Jahrhundert von kanadischen
Archäologen durchgeführte Ausgrabungen.
Heute gibt es nicht das kleinste Zeichen von
Paulus' Brief an die Laodizäer. Vielleicht gibt
es ‚Hunderte' Gründe dafür, warum dieser
Brief verloren ging.

Laodizea

---

[97] es geschah im 3. Jahrhundert v.Chr.
[98] es wäre interessant, herauszufinden, ob es mehr Kriege gibt wegen
Religion oder wegen Frauen

Heute können wir nur noch träumen von solchen genialen Enthusiasten und Idealisten wie dem Deutschen Heinrich Schliemann[99] oder dem Engländer Arthur Evans[100], die nach Bin Tepe, Tripolis und Kolossai kommen konnten und Ausgrabungen begannen.

Doch als ich vor den Ruinen des Amphitheaters stand, die sogar in diesem heruntergekommenen Zustand etwas außergewöhnlich Charmantes und Authentisches anbieten[101] – und die Umgebung ist mehr als schön – begann ich meine Gedanken über Ausgrabungen zu überdenken und zu analysieren.

Warum sind diese antiken Ausgrabungen in der Türkei so fesselnd für mich, sogar mehr noch als mich Israel fesselt?

Ist es, weil sie original, authentisch, ungeschminkt, nicht süßlich, kein Lippenstift, kein Parfum, nicht sakral ‚verschönert‘ sind?

Daher wäre eine Wiederherstellung ihres Originalzustandes für uns viel ergiebiger.

Ich weiß nicht! Ja und nein! Auf jeden Fall ist dies nicht möglich, Altes kann nicht wieder jung werden. Geheimnis bleibt Geheimnis, erregt die Fantasie, das ist schöpferischer … ! Sicher mag ich Laodizea so wie es jetzt ist viel mehr, als wenn es wiederhergestellt wäre!

---

[99] begeistert von Homers Ilias und Odyssee, entdeckte Schliemann Troja, Mykene (mykenische Kultur) und anderes; H. S. Stoll schrieb über ihn einen großen Roman „Der Traum von Troja"

[100] entdeckt auf Kreta der Palast des Minos in Knossos (kretische Kultur) mit berühmten Labyrinth; die mykenisch-kretische Kultur wird als Vorläufer-Kultur Europas gesehen

[101] siehe Umschlagsphoto

Vielleicht wäre die beste Lösung ein Mittelding. Die Ruinen so zu belassen wie sie sind, aber daneben ein Modell aufzubauen, aus Glas, wahrscheinlich Panzerglas! Einen Pavillon mit der wahrscheinlichsten Konstruktion, sogar mit einer Animation, z.B. im Verhältnis 1:50. A la Disneyland, Legoland und anderen ‚-lands' ... Beginne ich zu träumen? Warum nicht? Das ist gut! Träume sind schön! (und oft realisierbar ...)

Ich nahm meine Silberne Krone und bewegte mich weiter in dieses geschichtlich so reiche Gebiet. Ich verbrachte mehr Zeit mit Träumen in den Resten des Gymnasions, nahe der Überreste des Stadions. Meine Meditationen wurden durch irgendwie bekannte Laute gestört: Ich drehte mich um und erblickte einen Schafhirten mit seiner Herde. Jetzt ‚gingen' sie zum Gymnasion. Und für mich war es jetzt Zeit, meine Reise nach Kolossai fortzusetzen.

Ich verließ ‚mein' Laodizea mit dem Wunsch, in Zukunft wieder hierher zukommen. Es war der erste Ort von den Sieben Gemeinden, wo ich das Privileg hatte, einen Besuch zu machen[102].

Zurück zum Sendschreiben an die Laodizäer: Wenn wir Kolosser 4:16 lesen, sehen wir, dass das Schreiben an die Laodizäer irgendwo in Kolossai sein könnte! Also, fahren wir hin!

---

[102] siehe Kapitel 3

Kapitel

22

‚Kolossal‘ Enttäuschung

Pamukkale/Hierapolis-Laodizea-Kolossai liegen – wie bereits erwähnt – in einem Tal des Lykosflusses[103]; fast wie ein gleichseitiges Dreieck (könnte man als die Dreieinigkeit betrachten). Von Pamukkale nach Laodizea sind es ca. 15 km und von Laodizea nach Kolossai ca. 20 km.[104]

Ich fuhr auf der Straße Nr. 320, in dichtem Verkehr und staunte über das Lykostal.

Als mein kleiner Kilometerzähler anzeigte, dass ich schon über 20 km von Laodizea weg war, hielt ich eifrig nach einem Straßenschild mit dem Namen ‚Kolossai‘ Ausschau. Im Gegensatz zu Laodizea war Kolossai schwierig zu finden. Da war es endlich: „1 km!...“, an der rechten Straßenseite. Aber statt 1 km radelte ich weitere 5 km; macht nichts. Ich fuhr mitten durch eine schöne, beruhigende und frische Gegend, dichte grüne Wälder, nicht zu

---

[103] heute: Çürük-su
[104] es gibt keine direkte Straßenverbindung zwischen Kolossai und Pamukkale

vergessen die Sicht auf die hohe Bergwelt am Horizont. Ich war sehr froh über diese wichtige Ergänzung auf meiner Reise zu den Sieben Gemeinden!

Aber … ich konnte Kolossai nicht finden. Ich folgte den Hinweisschildern, auf denen immer noch stand „Kolossai 1 km", aber diese Anweisung führte nirgendwo hin. Irgendetwas stimmte hier absolut nicht! Ich fuhr natürlich entsprechend der Hinweistafeln, landete aber immer in einem Feld oder im Gebüsch entlang des Pfades, der mit einer dicken weißen Staubschicht bedeckt war; fuhr an einem seltsamen Hügel vorbei – sehr verwirrend. Mein armes Fahrzeug hatte sich nun in ein Mountainbike verwandelt! Und ich war auch arm!

„Wo sind denn diese Ruinen, das Amphitheater, die alten Gebäude und Säulen?!"

Ich dachte, all dies wäre hier zu finden, also behielt ich die Bilder im Kopf. Doch ich wurde zusehends verwirrter mit dieser Umschlingung, bis ich zufällig einen Landwirt traf.

„Kolossai"?

Er sprach Türkisch und deutete mit seinen Fingern auf einen Platz in der Nähe. Es war der hohe Hügel[105], aber außer kleinen Steinen und trockenem Gras gab es nichts weiter.

„Nein, das ist nicht möglich" – ich versuchte, mit möglichst zweifelnder Stimme dem zu widersprechen.

---

[105] ca. 100/100/20m

Doch mit überzeugendsten Gesten und seiner Stimme zeigte er auf den Hügel. Ich hatte keine Wahl, ich musste diese Information zur Kenntnis nehmen. Ich dankte ihm. Wie sehr war ich enttäuscht! Ich erinnerte mich an die Geschichte von ‚Mr. Hilary‘, der überall seine Brille suchte, aber er hatte sie auf der Nase.

Kolossai

Wieder, wahrscheinlich zum fünften Mal, erklomm ich diesen Hügel, setzte mich nieder und … war sehr zornig.

Wie schade! Das wäre ein bevorzugter Platz zur Meditation gewesen, besonders über die Briefe an die Kolosser und Philemon, der Mitglied dieser Gemeinde war. Aber jetzt hatte ich nicht die geringste Lust, darüber nachzusinnen. Der verlorene Brief an Laodizea war auch in meinen Gedanken verloren gegangen! Naja, jetzt tat ich mir mit meiner Haltung selbst weh!

Zurück in Pamukkale, versuchte ich, trotz meiner Mattigkeit, dieses Rätsel zu lösen. Ich kaufte in einem kleinen Geschäft türkische Schokolade und Chips, was ich normalerweise während meiner Reise nicht esse. Obwohl das nicht gesund ist, war es ein schmackhaftes Essen. War meine Auswahl für dieses Essen eine psychologische Reaktion bezüglich der heutigen ‚kolossal' Enttäuschung? Ich kaufte ein überbewertetes Fotoheft dieser Region in einem anderen kleinen Geschäft und entdeckte, dass ich Kolossai mit Aphrodisias[106] vertauscht hatte. Welche Schande! Welche Schande!

Unbewusstheit täuscht, quält, kostet, schmerzt ... Was aber noch interessanter ist: Auch der Inhalt des Briefes an die Kolosser kann mit gleichem Wort zusammengefasst werden: Unbewusstheit!

Ich hüpfte im Hotel ins Bett, aber nicht für lange. Bald sprang ich wieder auf und ging hinaus!

---

[106] ca. 60 km grade Linie von Kolossai, eines der Hauptkulturzentren der Göttin der Liebe, Aphrodite (religiöse Prostitution), das Ziel der ‚Pilger'. Aus archäologischer Sicht gibt es viele interessante und gut erhaltene Gegenstände, wie das Stadion, Amphitheater, viele Säulen, Statuen usw.

Kapitel

23

Granatapfelkerne

Ich verließ das Hotel, denn ich war hungrig. Meines Erachtens hätte das ein entspannter Tag sein müssen. Aber ich war heute müder als am Vortag, an dem ich 100 km gefahren war.

„Zumindest will ich jetzt ordentlich essen!"
Der Hotelbesitzer empfahl mir das Gürsoy Restaurant. Ich war der einzige Gast. Ein sehr freundlicher Kellner bediente mich, und ich lud ihn später an meinen Tisch ein. Er nahm meine Einladung an, und so hatten wir zwei Stunden lang ein Gespräch, während ich mich an dem geschmackvollen Abendessen delektierte. Wir beide, Mehmet und ich, mussten miteinander reden!

Unsere Unterhaltung begann mit Musik: Während ich auf mein Essen wartete, lauschte ich interessiert der ungewöhnlichen (weil türkischen) modernen Musik; sie klang romantisch, manchmal experimentierend, auch mit Akzenten der Volksmusik. Das war etwas, das ich mochte! Sehr interessant, begeisternd und anziehend. Mehmet sagte, es gäbe 6 CDs „Enstrümental" im mp3 Format. Später in Izmir kaufte ich zwei Stück davon, knapp vor meiner Abreise. Bis heute höre ich sie mir an, oft mit tiefen Gefühlen! Mein Lieblingsstück auf der ersten CD ist der „Caravans" und „Fischmarket" von Okay Temiz; und sehr oft höre ich mir die ersten 27 Stücke auf der zweiten CD an. Früher mochte ich auch Tarik[107], aber mir war nie bewusst, dass türkische Musik so schön sein kann, sogar für deutsch-polnische Ohren. Natürlich gibt es auch Schepperstücke, die ich mir nicht anhöre, doch die meisten sind wirklich ungewöhnlich.

Mein Gesprächspartner fesselte mich mehr und mehr: sein Takt, Kultur, Wissen, persönliche schwierige Erlebnisse … Er sprach auch einige polnische Worte, die er von polnischen Touristen gelernt hatte. Mehmet beendete sein Studium der Touristik und arbeitet jetzt als Kellner. Ja, man muss für sein Dasein kämpfen! Doch es gibt im Leben andere, wichtigere Werte, wie ein offenes Herz und ein offener Geist, so wie das in Mehmets Fall war. Ich war davon überzeugt, als wir geistliche Themen diskutierten.

Ich glaube, in der Türkei gibt es viele solche ‚Mehmets', die der Stolz ihres Landes sind.

Zurück im Hotel und in meinem Bett liegend, versuchte ich mir vorzustellen, dass ich

---

[107] von Deli Gönul – Tarik, Yeşil Müzik A.Ş.

wieder (zum sechsten Mal!) auf dem Hügel in Kolossai stand, und mit großer Freude begann ich den Brief an die Kolosser und an Philemon zu lesen und darüber nachzusinnen.

Während des Lesens aß ich die kleinen und schmackhaften Körner des Granatapfels[108], den mir der Hotelbesitzer gegeben hatte. Während ich die Kerne herauspickte bemerkte ich, dass viele Namen in diesen Briefen auftauchen, Namen, die einen ursprünglichen und besonderen Geschmack für Kollektivität haben.

Granatapfel

Nationen, Gesellschaften, Kirchen, Gruppen, Kirchengemeinden, sind keine Abstraktionen, sondern eine Sammlung von Einheiten. Wie Apphia, Epaphras, Philemon, Onesimus

---

[108] punica granatum – wachsen im Mittelmeerraum (ich sah viele auf meinem Weg); sie sind wie große Äpfel und haben viele, kleine saftige Samen

und Paulus ... wie Mehmet heute Abend, der mir gegenüber seine Nation vertrat; wenn ich an die Türken denke, denke ich an Mehmet, oder den früheren Ahmet, und den freundlichen Polizisten, und diese so netten Kinder, und viele andere, die ich früher oder später traf. Sie sind ‚meine' subjektive Türkei.

In den biografischen Zeugnissen verschiedener Christen entdeckte ich, dass jene ‚Kleinen' und ‚Großen', mein geistliches Leben mehr als Theologie, Geschichte, Soziologie oder Politik beeinflusst haben. Wie z.B. das Buch von Bruce Farnham[109], indem es um einen jungen Türken geht, einen ‚gewöhnlichen' Christen, Kenan; das Buch beschreibt sein Leben im Zusammenhang mit viel aufbauender und wichtiger Information. Mit Kenan auf dem ersten Plan kann man nicht nur sein eigenes Leben besser verstehen, sondern auch das seiner Familie, die Geschichte geistlicher Erweckungen im Reich der Ottomanen seit dem Ende des 19. Jahrhunderts, ihrer blutigen Zerschlagung seit Anfang des 20. Jahrhunderts, der Demokratie – theoretisch, nicht immer praktisch, der erneuerten Christenheit – die manchmal zu gesetzlich ist, und am allermeisten Gottes Hand über diesem jungen Mann, und auch über seinem Land und seiner Nation.

Ja, jede Einheit, jede einzelne Person hat einmaligen Wert. Ohne dich und ohne mich

---

[109] Bruce Farnham, "My big Father" („Mein großer Vater"), STL Books, 1985, ISBN 0-903843-89-7

gäbe es kein uns. Die Einheit schafft die Ganzheit im Bild. Sie schaffen Eindrücke und Einflüsse, geben gute Beispiele oder Warnungen, sie inspirieren, sie lehren ...

Aus Blumen entsteht ein Bukett, aus geschaffenen Tönen entstehen Symphonien, Tropfen ergeben Ozeane, Flöckchen werden zu Schnee, Tage werden zu Jahrhunderten, Zentimeter zu Kilometern, Cents zu Millionen, Schafe werden von Schafhirten geführt, eins, zwei Schafe ... zähl sie, Schafe ... drei... ich schlafe ein ... vier, fünf Schafe ... Schlaf ...

Wettrennen

Ich verschlief (Schafe zählend). Und das musste heute geschehen, vor meiner längsten Etappe! Nun, wenn ich verschlafen hatte, so bedeutete dies, dass mein Körper das gebraucht hatte, und es ist gut, wenn mein Körper das bekommt, was er braucht.

Nach meinen Berechnungen, sollte ich heute ca. 160 km nach Selçuk/Ephesus fahren. Noch nie in meinem Leben war ich so eine lange Strecke mit dem Fahrrad gefahren. Ich war ein wenig aufgeregt, aber nicht nervös, denn ich hatte schon gelernt, Umstände, die man nicht ändern kann, zu akzeptieren. Wenn etwas ja ist, dann ist es ja, und wenn etwas nein ist, dann ist es nein.

Als ich ein reichliches Frühstück aß und den Sonnenaufgang beobachtete, dachte ich: Heute werden die Sonne, ich und mein Schatten ein Rennen fahren!

Der Start des Rennens war meiner nicht würdig, denn ich hatte verschlafen, und die

Sonne war viel zu ‚schnell‘. Es war ein Fallstart für die Sonne, daher musste sie vom letzten Platz[110] aus starten. Ich war in kampflustiger Stimmung und trat heftig in die Pedale! Von Anfang an war mein Schatten führend, ich war Zweiter. Um die Hauptstraße Nr. 320 zu erreichen, fuhr ich durch Akköy und Saraköy (anstatt durch Denizli), genau in die gegenteilige Richtung von vor zwei Tagen.

Das war eine gute Entscheidung. Die ersten 10 km, die ich fuhr, waren sehr ruhig, nette Umgebung mit weiten Baumwollfeldern, weiß und reif zur Ernte. Ohne Übertreibung kann ich sagen, dass ich von Anfang dieses Tages an durch Baumwollfelder radelte. Überall wo ich hinkam, pflückten die Erntearbeiter pamuk (türkischer Name für Baumwolle), und oft sangen sie dabei. Manchmal blieb ich stehen, um diese erstaunliche Pflanze zu betrachten. Sie wächst auf kleinen Stauden, die wie ein Wattebausch aussehen, wenn sie reif sind. Einige Tage vorher sah ich, wie die einheimischen Bauern das Land mit Traktoren bewässerten; die Motoren bewegten die Wasserpumpen, um das Wasser durch Schläuche zu transportieren. Ich denke, dass während der Erntezeit ganze Familien und Dörfer auf den Feldern sind. Die blühenden Blumen werden in kleine Säckchen gepackt, anschließend in 1 m große Säcke, die dann auf mehrere meterhohe Lastwagen oder Traktoranhänger geladen und zu Verkaufs-

---

[110] ich fuhr von Osten nach Westen

häusern befördert werden. Während dieser Jahreszeit sind Lastwagen und Traktoren mit Baumwolle ein charakteristischer Anblick auf türkischen Straßen. Pamuk kommt dann in die Fabriken (wie in Buldan) und wird dort zu Baumwollgewebe verarbeitet. Daraus werden Textilien von hoher Qualität gemacht. Letztendlich wird die Ware in Geschäften und Basaren in viele Länder der Welt verkauft. Türkische Baumwollprodukte gehören zu den Hauptexportartikeln und daher zum Haupteinkommen.

Während ich so durch diese Felder fuhr, erinnerte ich mich an Jesu Worte über eine andere geistliche Ernte: *„Hebt eure Augen auf und schaut die Felder an, denn sie sind schon weiß zur Ernte"*[111]. Es muss damals so ähnlich gewesen sein, denn es ist heute nicht viel anders.

Ist in der Türkei eine geistliche Ernte möglich? Ja. Ich glaube das ist möglich, obwohl die ‚Traktoren immer noch Wasser pumpen und die Felder tränken'!

Aber wie ist das jetzt mit dem Rennen zwischen der Sonne, mir und meinem Schatten? Unveränderlich! Mein Schatten ist immer noch Erster, ich bin immer noch Zweiter, und die Sonne verfolgt uns nun. Ein leichter Wind hatte gerade begonnen, und dies ermöglichte es mir, eine relativ hohe Geschwindigkeit einzuhalten, mehr als ich durchschnittlich fuhr,

---

[111] Joh. 4:35

20 km/Std. Alle diese Umstände halfen zusammen, damit ich meine Geschwindigkeit beibehalten konnte; auch die sehr guten Straßen bis Aydin (130 km weit) trugen dazu bei. Etwas früher, nahe Nazilli (einer Stadt mit europäischem Flair) hatte die Sonne mich und meinen Schatten eingeholt.

Irgendwie war es sensationell: einen Zug vorbeifahren zu sehen, der mit pausenlosem Warnsignal fuhr – als wäre dies der berühmte Orientexpress. Dazu muss man wissen, dass in der Türkei Züge sehr selten sind.

Als die Strasse Nr. 320 in die Straße 550 überging, lag die Sonne bereits klar in Führung. Jetzt wurde der Untergrund schlechter, der Wind hatte seine Richtung geändert, und meine Durchschnittsgeschwindigkeit war geringer geworden. Das heutige Rennen wurde hinter Ortaklar, nicht weit von Selçuk, entschieden. Die Sonne gewann, ich wurde Vizemeister und mein Schatten war Letzter.

Nun wurde es rasch immer dunkler und … die bergigen Hänge lagen vor mir. Wieder musste ich mein Fahrrad bergauf schieben, was immer schlimmer wurde, denn ich bemerkte, ich hatte kein Licht am Fahrrad. Meine Augen hatten sich an die Dunkelheit gewöhnt, aber ich war nicht allein auf der Straße und auch nicht sicher, ob andere Straßenbenützer mich sehen konnten. Dann hatte ich eine Idee, nämlich, meinen Spiegel so in einen Winkel zu drehen, dass er die Lichter der entgegenkommenden Fahrzeuge reflektierte. Ich denke, es klappte.

Einige Kilometer weiter hinunter, in Richtung der größer werdenden Lichter, war schließlich Selçuk erreicht. Um 20 Uhr erreichte ich mein Tagesziel. Unglaublich! Auf meinem Zähler las ich 196,50 km! Das beste Ergebnis meines Lebens! Ich erreichte einen Durchschnitt von 18,74 km/Std. und natürlich den heutigen Vizemeistertitel!

Kapitel

25

Verzerrtes Bild

Entsprechend der Mythologie wurde das antike Ephesus von Amazonen gegründet. Frauen spielten in der Geschichte von Ephesus eine wichtige Rolle. Viele der Göttinnen, wie Ninhursag, Kybele, Artemis und Diana hatten dort ihre Kultzentren.

Ich glaube, Johannes schrieb (in seinem Sendschreiben an die Epheser) auch indirekt über die Liebe zwischen Mann und Frau, was für Christen manchmal wichtiger wird als die erste Liebe zu Jesus.

Vor langer Zeit war Artemis der Grund für einen Aufruhr im Amphitheater von Ephesus. Um sie anzubeten (um ein gutes Geschäft zu machen), hatte der schlaue Silberschmied Demetrius die Idee, ihre Statuen zu verkaufen. Der Aufruhr, den er verursachte, war eine gute Werbung für sein Geschäft. Er fand ein Verschulden bei einem gewissen Paulus, den er als Opfer verwendete; er behauptete, dieser Mann zerstöre sein Geschäft indem er erklärte, dass die Götter, die mit Händen gemacht sind, keine Götter sind! Daher musste Paulus eliminiert werden. Es war eine nicht nur antike Methode, um in höheren Geschäftsrängen fest sitzen zu bleiben. Schließlich wurde Demetrius durch den Stadtschreiber zur Ordnung gerufen[112].

Leider gibt es heute viele solche ‚Demetriuse', die mit Artemis ihre Geschäfte abwickeln. Ich wurde ein Opfer solcher geschäftlicher Transaktionen!

For fünf Monaten kam ich zum ersten Mal nach Ephesus. Ich kaufte ein T-Shirt als Andenken. Zurück im Hotel probierte ich es an und entdeckte zum ersten Mal, dass ein großes Bilder der ... Artemis mit 21 Brüsten vorne drauf war. Beim Kauf hatte ich dieses Bild nicht bemerkt.

„Was mache ich jetzt? Ich will für diese heidnische Göttin keine Werbung machen!"

Ich nahm meine Schere und zog Faden für Faden heraus! Übrigens habe ich inzwischen schon zwei kleine Löcher in dieses T-Shirt gemacht.

„Nein, das ist nicht die richtige Art, das Bild zu entfernen; morgen gehe ich zum Schneider."

Am nächster Tag erklärte ich ihm das Problem und er sah mich an, als käme ich vom Mars. Dann sagte er, dass man Bilder, die maschinell eingewoben sind, nicht entfernen kann. Jetzt konnte ich nichts tun, also steckte

---

[112] Apg. 19:23-40

ich das T-Shirt zuunterst in meine Tasche! Zu Hause schnitt ich das Bild der Artemis vollständig heraus, und schließlich warf ich das Ganze weg!

Jetzt war ich also wieder in diesem kleinen Geschäft, nahe dem Eingang zum antiken Ephesus und suchte sofort ein T-Shirt. Ich entdeckte, dass die meisten ein Bild der Artemis darauf hatten! Ich versuchte, jedem Verkäufer zu erklären, dass es viele Touristen gibt, die auch gerne etwas anderes auf ihren Souvenirs drauf hätten. Vielleicht Motive und Texte mit Jesu' Mutter oder den Aposteln Paulus und Johannes, die auch in Ephesus waren, und Maria, die Mutter von Jesus und Johannes verbrachten die letzten Jahre ihres irdischen Lebens[113] an diesem Ort.

Ephesus

---

[113] eine merkwürdige Geschichte rankt sich um Marias, Mutter Jesu, letzte irdische Stätte. Anfang des 19. Jhdts, bettlägerig und umsorgt, gab Katharina Emmerich, eine deutsche Nonne, eine genaue Beschreibung von Marias Haus nahe Ephesus. Lazaristen aus Sardes folgten diesen Hinweisen, erreichten den Platz und identifizierten das Haus. Spätere Nachforschungen ergaben, dass die Fundamente aus dem 1.Jhdt. stammten. Vielleicht war es wirklich Marias Haus?

„Ihr könnt auch gute Werbung für euer fantastisches Amphitheater machen! Nirgends gibt es ein solches mit 24.000 Plätzen[114]. Und außerdem sieht eure Artemis nicht gut aus!"

Nach langer (!) Suche fand ich ein T-Shirt mit ‚Ephesus' und einigen Säulen drauf.

Man kann Ephesus auch wegen des Kultes der ‚Muttergottes'[115], der zuallererst hier ausgerufen wurde, abstoßend finden. Dieser Kult könnte auch an einem anderen Ort ausgerufen werden (wenn er so wichtig war!) und nicht hier, wo der Tempel der Artemis als eines der Sieben Weltwunder der Antike[116] bezeichnet wurde. Für Türken und viele Moslems ist Maria wie eine christliche Fortsetzung früherer weiblicher Kulte. Es ist schade, dass diese wunderbare Frau als solch ein verzerrtes Bild gesehen wird. Zuerst kam diese Entstellung von der institutionellen Kirche und als Folge davon auch von den Nichtchristen!

Wir sind nicht verwundert darüber, dass Moslems ein eigenartiges Verständnis von der Dreieinigkeit haben. Vater, Sohn und … Mutter[117]. So sieht es aus, doch in Wirklichkeit ist es so unwahr! Ist das nicht einer der Gründe, warum Moslems Probleme damit haben, das Christentum zu verstehen, denn auf dem Platz, der Gott dem Heiligen Geist gehört, sehen sie

---

[114] größer als andere Amphitheater: Dionysos in Athen, in Argos (für 20.000) und in Epidauros (für 14.000)
[115] siehe Kapitel 2
[116] nach diesen Zeiten blieb nur eine einzige Säule dieses Tempels über
[117] vergl. Koran, Sure 5,116

jemanden anderen (eine menschliche Person, die nicht Gott ist!)? Sie verstehen den biblischen Gedanken der Dreieinigkeit nicht, auch nicht die Stellung und die Rolle der Mutter Jesu'[118].

[118] siehe: „Grundlagen des christlichen Glaubens", Kapitel 1: „Lehre von Jesus Christus", CVM 2002, ISBN 978-3-931819-04-0

Kapitel

26

Die ‚Kleinen Großen‘

Ich begann meinen Bericht über Ephesus mit dem Negativen. Vielleicht weil ich mich nach meinem verlorenen Wettrennen so leer fühlte? Oder vielleicht, weil ich am nächsten Tag keinen Kontakt zu Christen der Gemeinde in Ephesus finden konnte? Vielleicht!

Tatsache ist, dass Ephesus ein einzigartiges Juwel der antiken Welt und einer der wichtigsten Orten des Urchristentum ist. Das antike Ephesus ist für Touristen aus aller Welt, einschließlich vieler Christen, ein Magnet.

Durch diese Stadt laufen drei Hauptstraßen im Zickzack; die Hafenstraße (Arkadia)[119], die Marmorstraße und die Kuretenstraße. Das fantastische und gut erhaltene Amphitheater mit seinen 24.000 Plätzen liegt an der Kreuzung der beiden erstgenannten Straßen. Dieses Amphitheater ist ein Phänomen höchsten Standards und ist den ägyptischen Pyramiden durch-

---

[119] früher als Verbindung von der Stadt zum Hafen, heute hat sich das Meer 10 km davon entfernt

aus vergleichbar. Ich würde jedem, der hier herkommt, empfehlen, längere Zeit auf den Stufen dieses Theaters in tiefem Nachsinnen zu verharren. Ich habe einige Menschen gesehen, die das taten. In der Diagonale, im Schnitt der nächsten Straßen findet sich die bemerkenswerte Celsus Bibliothek. Celsus war der Gouverneur von Ephesus. Die untere Fassade ist mit vier Frauenstatuen, die Celsus charakterisieren, geschmückt. Diese sind: Sophia (Weisheit), Episterne (Wissen), Ennoia (Würde) und Arete (Tugend). Entlang der Kuretenstraße, die zum Odeon[120] und zur Agora, dem oberen Teil von Ephesus, führt, gibt es viele Denkmäler zu Ehren der ‚Kleinen Großen'.

„Was? Wozu dieser Neologismus[121]?"

Ja, diese und ähnliche sollten so gekennzeichnet werden. Während ich langsam vorwärts schritt, befielen mich wieder kritische Gedanken. Ich weiß, kritische Gedanken sind wichtig und positiv. Fehlende Kritik und nüchterne Meinung sind nur wertlose Imitation. Jetzt (während ich Touristen beobachtete) bemerkte ich, dass wir oft unkritisch und unbewusst entzückt sind, von bloßen Denkmälern von Despoten und Tyrannen, die durch Macht, Wohlstand und selbsternannte Gesetze, sich

---

[120] Odeon – kleines Theater; im Gegensatz zu den großen Theatern, hatten Odeons Dächer; dasjenige in Ephesus stand nicht nur für Aufführungen und Konzerte, sondern auch für Zusammenkünfte zur Verfügung

[121] neuer Ausdruck, Wortschöpfung

selbst in die Geschichte der Menschheit setzten. Ich möchte von ganzem Herzen betonen, dass die uns bekannte Geschichte nicht entspricht, nicht völlig wahr sondern falsch beurteilt wird. Wie ein verzerrter Spiegel! Hadrian (117–138) ist ein typisches Beispiel von einem, der hier einen Tempel hatte. Es heißt, dass er der Kaiser der Freiheit war (denn das Römische Kaiserreich war dabei, bankrott zu gehen), sich aber selbst dadurch ‚berühmt' machte, dass er jüdische Rebellen unter Bar Kochba in 132 n.Chr. jagte und Hunderttausende Juden tötete. Ein weiteres Beispiel ist Trajan (98–117), dessen Quellen hier gedacht werden, die etwas über Hadrians Tempel liegen. Kaiser Trajan verbesserte die Landwirtschaft, aber auch er besiegte (lies: tötete) viele Dacianer und Parther. Das nächste Beispiel wäre der Tempel des Domitian. Kaiser Domitian (81–96) wurde als Erbauer der Festungen entlang der Donau und des Rheins berühmt. Er ermordete (‚führte siegreiche Kriege') Germanen, Briten und Dacianer. Die meisten römischen Kaiser waren besessene Psychopathen, die verlangten, ‚Gott' genannt zu werden und sich am Vergießen unschuldigen Blutes erfreuten.

Diese Liste kann sogar bis heute fortgesetzt werden. Ein bisschen hier, ein bisschen da, viele ‚Große' hatten gefällige Dinge ‚getan', doch in Wahrheit waren sie die größten Kriminellen, die sich selbst als barbarische ‚Denkmäler' hinterließen, aufgesogen mit dem Blut wahrer

Helden, die bloß ‚gewöhnliche Leute' waren (und sind!). Solche ‚kleinen Großen' hätten heute keine Chance vor dem Haager Gerichtshof. Es ist ein großer Fehler, dass diese ‚kleinen Großen' unsere Geschichte formen!

Übrigens, wäre es nicht ratsam, an einer radikalen Überarbeitung der Geschichte zu arbeiten und die Sicht des Durchschnittsbürgers zu zeigen, der für den Ruhm der ‚Großen' hart arbeitete? Sind nicht die Durchschnittsbürger die beste Widerspiegelung der Wirklichkeit?

Wenden wir unsere Gedanken wieder Ephesus zu! Wir sehen, dass es einem in Ephesus sehr schwer fällt, die verschiedenen Geister loszuwerden; die Folge ist eine große Herausforderung für Touristen.

Selcuk / Ephesus

Ungefähr 2 km vom antiken Ephesus entfernt, das ist schon Selçuk, ist nur mehr eine Säule vom Tempel der Artemis erhalten.

100 m weiter wurde eine der größten Moscheen errichtet, die Isa Bey Moschee, die interessante Bäder aus dem 14. Jhdt. zeigt. Die Reste der riesigen Basilika St. Johannes aus dem 6. Jhdt. liegen eine Ebene höher nahe der Stelle, wo ich wohnte, und auf dem höchsten Punkt steht die geheimnisvolle und schöne Festung Selçuk. Nichts hat sich seit Mai[122] verändert.

---

[122] siehe Kapitel 3

Kapitel

27

Begeisterung und Entzücken

Am Samstags morgens ging ich in einen kleinen Basar und kaufte ein Paar braune Jeans, denn ich wollte für den Sonntagsgottesdienst in möglichst nettem Gewand auftauchen. Ich suchte auch dazupassende braune Schuhe, konnte diese aber in Selçuk nicht finden. Ich beschloss daher, mit dem Fahrrad nach Kuşadasi zu fahren, das ca. 25 km entfernt liegt.

Übrigens, das war gut, denn so ich werde die Umgebung von Ephesus sehen und den berühmten Touristenort Kuşadasi besuchen; sogar der Gedanke, wieder nahe am Meer zu sein, begeisterte mich!

Während ich auf der geraden und flachen Straße in Richtung Meer dahinradelte, sinnierte ich darüber, was Johannes in seinem Schreiben an die Gemeinde in Ephesus über die ‚erste Liebe' schreibt. Als ich das erste Mal hier war, erfuhr ich diese Liebe ganz intensiv, doch jetzt war ich nahe daran, mich zu verdammen, weil ich nicht mehr dieselbe Begeisterung hatte.

Ich erinnerte mich, als ich den ersten biblischen Ort besichtigt hatte: Kaloi Limenes (Schöner Hafen) auf Kreta. Dort ankerte das Schiff mit dem Paulus nach Rom fuhr[123]. Obwohl es keine Erinnerungsstücke an dieses Ereignis gibt, war meine Erfahrung beim Besuch dieses Platzes sehr intensiv.

„Warum verspüre ich jetzt nicht die gleiche Intensität? Ist meine erste Liebe zu Jesus erkaltet?"

Natürlich nahm ich statt der Hauptstraße die Nebenstraße. Bald war ich an der Küste von Pamucak, und vor mir lag ein schöner, breiter, langer, goldener Strand. Wäre ich ordentlich vorbereitet gewesen, wäre ich sicher schwimmen gegangen, obwohl es bereits Ende Oktober war (Herbstkälte). Diese Gegend wirkte sogar vom Hügel aus nett, den ich erreichen musste, bevor ich Kuşadasi erreichte. Ich mochte auch Kuşadasi sehr. Es gab eine Menge Geschäfte (auch meine Schuhe konnte ich dort kaufen), dichten Verkehr, war aber eine saubere und interessante Stadt mit einer reichen Auswahl an Basaren, Karawansereien und großen Schiffen. Ich hörte, dass es Fähren gibt, die die Stadt mit der Insel Patmos verbinden, so dass man leicht von dieser Stadt zur Insel gelangt. Sicherlich wäre ich dorthin gefahren, wenn ich früher davon gewusst hätte, denn dort hatte Johannes nicht nur das Schrei-

---

[123] Apg. 27:8ff

ben an die Sieben Gemeinden, sondern das ganze Buch der Offenbarung geschrieben.

„Nun, das bleibt fürs nächste Mal!"

So, da sind wir! Besichtigungen, die nicht aufhören; eigentlich hören sie nie auf! Es gibt zwei Hauptmethoden für Besichtigungen: eine aus der Vogelperspektive und die andere in Detailansichten. Erstere versetzt uns in Enthusiasmus und die zweite ist immer intensives Entzücken und Freude. Diese Ansicht bestätigte sich auf meiner Rückreise, als ich einige Kilometer vor Selçuk den Diskus des Amphitheaters von Ephesus sah, diesmal aber aus einer anderen Perspektive.

Besichtigungen hören niemals aus, sondern bescheren einem immer tieferen Einblick. Genauso ist es mit der Natur, die Schönheit der Blumen spiegelt sich im Geschmack ihrer Früchte. Beides ist wunderbar. Diese Ähnlichkeit zeigt sich auch in der Ehe: der erste Abschnitt ist enthusiastisch, später wird daraus tieferes Entzücken und Freude (zumindest sollte das so sein). So sehen wir, dass sowohl das Erste als auch das Zweite wunderbar sind. So ist es auch und so soll es auch mit der ‚Hauptliebe' sein, die die erste Liebe zu Jesus ist. Am Anfang ist sie voll Eifer und Begeisterung, später ruhig, reif, stark, tiefer und von tieferer Freude erfüllt. Das ist sowohl im ersten als auch im zweiten Stadium wunderbar.

Das Verhältnis zwischen Begeisterung und Entzücken lässt sich auch mit meinen Kontakten mit den Christen in Ephesus (Selçuk) in Zusammenhang bringen. Anfangs war ich schwärmerisch, jetzt, wo ich immer verzückter werde, fühlte ich mich weniger als Gast, mehr als Familienmitglied.

Der ‚beste Kaffee der Welt' und sehr geschmackvoll! Ich war in Selçuks christlicher Bücherstube, zwischen vielen Publikationen und lernte diese geistliche Familie kennen, wurde von türkischen Christen ermutigt, die sich sehr um das Wohlergehen ihres Landes kümmern! Dasselbe trifft auf Christen anderer Länder zu, die jetzt in der Türkei leben. Sie könnten in ihren Heimatländern ein bequemeres und leichteres Leben führen, doch sie wählten die Türkei aus, weil Gott eine tiefere Liebe für das türkische Volk in ihre Herzen legte. (Bei mir tat er das auch.)

Morgen werde ich den christlichen Gottesdienst in Ephesus besuchen!

Kapitel

28

Eine türkische Predigt

Eine typische polnische Redensart: Wenn jemand eine Rede, einen Vortrag oder eine Predigt nicht versteht, so sagen die Polen: Er hat sich eine ‚türkische Predigt‘ angehört. Woher kommt diese Redensart? Frühere türkisch-polnische Kontakte?

Der Gottesdienst in Efes Protestan Ceemati begann um 11 Uhr Vormittag. Ich bin von Natur aus eine ‚Nachteule‘, aber während dieser Reise war ich ein ‚Morgenmensch‘. Schon um 8,30 Uhr hatte ich mein Frühstück beendet und die neuen Jeans und Schuhe angezogen! Ich hatte noch viel Zeit, daher beschloss ich, das archäologische Museum in Selçuk zu besuchen. Normalerweise mag ich keine Museen. Wie mein bekannter Namensbruder Stanisław Hadyna[124]. Ich erlaube mir, hier seine Meinung wiederzugeben:

---

[124] Stanisław (Stan) Hadyna war der Vater des berühmten und ausgezeichneten „Sing- und Tanzensembles «Śląsk»"; Herr und Frau Hadyna waren Freunde meiner Eltern, und mir gab man den Vornamen von Herrn Hadyna

„Ich mag keine totkalten Friedhöfe und Glasvitrinen mit konservierten Ausstellungsstücken. Das Guggenheim Museum in New York verließ ich mit Kopfschmerzen, das British Museum in London mit Sorge. Und das sind führende Museen. Man kann dort stunden- und wochenlang sitzen, doch wenn man das Museum verlässt, ist man älter, verblasster und zerknitterter, als wenn man selbst in einer Glasvitrine gesessen wäre und stinkt nach Naphtalin"[125]

Doch 2 Stunden im Museum von Selçuk machten mich nicht älter, verblasster und zerknitterter. Im Garten des Museums, an der frischen Luft, war ich begeistert von einer ovalen Steinplatte, die ungefähr meine Größe hatte; in sehr kleinen Buchstaben war das Steuerabgabegesetz auf dieser Platte eingeschnitten. Welch mühsame Arbeit muss das gewesen sein! Ich dachte, die übertriebene Liebe zum Gesetz ist nur ein Charakteristikum der Deutschen, doch es scheint, dass dies auch so bei den alten Griechen war.

Also, ich war im Museum gewesen!

Trotzdem war ich über den christlichen Gottesdienst wesentlich mehr begeistert!

Im oberen Raum der Gemeindegebäude gab es 60 Plätze, dreiviertel davon waren besetzt. Die Musikband bestand aus drei Personen (zwei Gitarristen und einem Flötenspieler), die den Lobpreis leiteten. Abwechselnd Gesang und spontanes Gebet. Ankündigungen, Lieder, Predigt. Der Prediger war geschmackvoll ge-

---

[125] „W słońcu Hellady" („In der Sonne von Hellas"), Stanisław Hadyna, PAX, 1968, S.60

kleidet, und seine halbstündige Predigt klang überzeugend. Nach einem letzten Lied war der Gottesdienst beendet. Die Musik war ungebunden, keine 'Museums-lieder'. Ich verstand kein Wort, das war traurig, doch ich wurde auferbaut ...! Ja, man kann auch durch die Atmosphäre in einer Zusammenkunft aufgebaut werden, denn der Hauptwert in einem Gottesdienst ist die Gegenwart des Heiligen Geistes und das Bewusstsein einer Familiengemeinschaft mit anderen Teilnehmern. Nun kann ich sagen, dass ich bei einer ‚türkischen Predigt' war und einem türkischen Prediger zuhörte! Doppelte Bedeutung.

Doch der Gemeindetreff war noch nicht fertig. Nach dem offiziellen Teil, unterhielten sich die meisten Teilnehmer auf dem Terrassendach bei Kuchen und Tee (natürlich gibt's keine Türkei ohne çai!). Dann ging die ganze Gruppe in die Stadt; in einem Restaurant stellten wir Tische zusammen und aßen zu Mittag. Natürlich waren die Gespräche die größte Freude für mich, die sich um die Geschichte des Christentums an diesen Plätzen drehten, ebenso über die gegenwärtige Gemeinde und über die Offenheit der Türken für die Botschaft der Liebe, des Friedens und der direkten Gemeinschaft mit Jesus.

Das türkische Volk ist wirklich offen, frei, lebenslustig, kulturell und freundlich. Während meiner ganzen Reise konnte ich mich davon überzeugen. Am späten Nachmittag entschied ich mich, das Bergdorf Şirence mit einem Dolmuş zu besuchen (endlich wieder Dolmuş!).

Şirence

Die Straße war sehr steil, sehr eng, kurvenreich und schroff. Eine halbe Stunde später erreichte ich mein Ziel, Şirence, wo gerade ein Volksfest[126] zu Ende ging; doch dieses malerische Dorf war noch immer voller Menschen, die den Musikanten zuhörten, in Bars und Restaurants saßen, oder wunderschöne Strickereien an den Buden kauften.

Ich schaute mich um, wanderte durch die engen, steinigen Straßen … schließlich, im letzten Augenblick stieg ich in den letzten, voll besetzten Dolmuş nach Selçuk.

---

[126] es war der Geburtstag der türkischen Republik – 29.10.1923

Kapitel

29

Ägäisches Meer

Von Selçuk nach Izmir führt die Hauptstraße Nr. 550, aber ... meine Leser sollten
schon wissen, dass ich die Nebenstraße nahm.
Irgendwie waren diese Nebenstraßen interessanter. Also nahm ich für den letzten Abschnitt meiner Reise mit dem Fahrrad die
Küstenstraße, und das war einer der schönsten
Abschnitte der ganzen Reise! Nachdem ich die
Brücke über den Küçük Menderes Nehri[127]
nahe von Pamucak fuhr, kam ich durch eine
sehr schöne Landschaft in Richtung Klaros.
Die Straße wand sich hinauf, dann hinab,
rechts dann links ... Der Blick von einer Seite
war schön und ruhig, auf die blaue Fläche des
Ägäischen Meeres. Auf der anderen Seite das
genaue Gegenteil: wild mit Bergen, die die Fantasie anregten. Irgendwo im Tal zwischen den
Pinienhainen sah ich endlose Herden aller
Arten von Vieh, Cowboys und Hunde. Ich stellte mir vor, wie jeden Augenblick Indianer von

---

[127] früher hieß der Fluß Kaystros

hinter den Felsen herausspringen würden. Etwas weiter weg sah ich eine exklusive Villenanlage, die fast unbewohnt zu sein schien. Könnte man hier ein Haus kaufen? Ich könnte mir denken, dies wäre ein optimaler Platz, um die letzten Lebensjahre zu verbringen, wie Maria, die Mutter von Jesus und Johannes, Seinem Jünger, der hier die letzten Jahre seines irdischen Lebens lebte.

Nun, jetzt will ich noch nicht über die Ruhestandsjahre nachdenken. Ich habe noch viele Dinge zu tun, einige Probleme zu lösen und ein Leben zwischen Enttäuschungen und Hoffnungen zu leben. Meine hoffnungsvollen Gedanken wurden stärker je näher ich dem Ende meiner Reise kam.

Das Ägäische Meer, und um genauer zu sein, der Ursprung seines Namens, war irgendwie in engem Zusammenhang mit meiner Lage.

Die griechische Mythologie erzählt uns von Theseus, dem heldenhaften Sohn des Ägäus, der König von Athen war.

Eines Tages segelte Theseus nach Kreta, um das unbesiegte Ungeheuer Minotaurus zu besiegen. Er traf mit seinem Vater ein Abkommen: würde er gewinnen, käme er mit weißen Segeln zurück, würde er verlieren mit schwarzen Segeln. Das war dieselbe Farbe, mit der er nach Kreta segelte. Theseus gewann, aber in seiner Begeisterung und Ungeduld, zu seinem Vater zurückzukehren, vergaß er, die Segel zu tauschen. Ägäus sah das Schiff mit den schwarzen Segeln und warf sich verzweifelt ins Meer, weil er glaubte, sein Sohn sei verloren. Daher hat dort das Meer den Namen Ägäisches Meer, als Erinnerung an diesen Mythos.

Ein kleiner Fehler, doch eine große Tragödie! Ich denke, dass dieser Fehler zwei Seiten hatte. Theseus hätte an das Abkommen mit dem Vater denken müssen und Ägäus hätte nicht so hastig reagieren sollen, ohne die Anzeichen sorgfältig zu prüfen. Nachlässigkeit gegenüber einem Abkommen plus zu schnelles Handeln ist gleich Tragödie.

Auch kleine Fehler können in unserem Leben große Tragödien hervorrufen, und der ‚Mechanismus' ist genau der gleiche wie in dem Mythos! Das darf aber nicht so sein!

Dieser ‚ägäische' Mythos und die Erkenntnis, dass sich meine Reise dem Ende näherte (dass ich bald zu meinen Problemen zurück musste), haben mich nicht sehr angefeuert. Es schien, als bliese mir sogar der Wind ins Gesicht und er blies wirklich! Als ich an Klaros vorbeikam, wusste ich, ich hatte etwas versäumt. Später las ich, dass die Ruinen des Orakeltempels des Apollo (Zwillingsbruder der Artemis), der attraktive Gott der Dichtkunst, Sänger und Barde nicht weit von Klaros entfernt waren. Doch mein ‚Interesse-Programm' für diese Reise war bereits erschöpft, und außerdem gehörte Apollo sowieso nicht zu meiner Welt.

Jetzt musste ich als Letztes nur mehr in Izmir einkaufen und dann nach Hause zurückkehren.

Am Ende einer so interessanten Reise wie dieser, entsteht immer ein gewisses Defizit. Ich hatte soviel gesehen, wie ein Schwamm aufgesogen und doch fühlte ich, dass ich etwas versäumt, übersehen oder keine Zeit gehabt hatte, mehr Dinge zu sehen. Es gibt immer noch mehr zu sehen, noch wo anders hinzufahren, denn da bleibt noch so viel … *„Wir erkennen stückweise"* schreibt der Apostel Paulus[128]. Und die weisesten Männer wiederholen: Je mehr ich weiß, desto weniger weiß ich.

---

[128] 1. Kor. 13:9

Kapitel

30

Ich fürchte mich nicht
vor dem Tod

In Gaziemir (zwischen Izmir und dem Flughafen) ging meine Reise zu Ende. Ich wollte
unbedingt ein anderes Hotel finden, als das,
in dem ich die ersten Nächte verbracht hatte.
Ich hatte schon genug Erfahrungen gesam-
melt, und der Preis für diese ersten Nächte war
im Vergleich zu allen anderen Hotels viel zu
hoch gewesen. Es war ganz klar, dass ich dort
nicht wieder hin wollte, und ich betete sogar
dafür. Ich radelte durch Gaziemir, suchte ein
anderes Hotel und fragte nach Informationen
– ohne Ergebnis! Es schien, dass Ünaten das
einzige Hotel in Gaziemir war, also hatte ich
keine andere Wahl. Außerdem war mein Papp-
karton dort. War er nicht! Jemand hatte ihn
weggeworfen. Die Rezeptzionistin war dieselbe wie beim letzten Mal. Ich fragte nach dem
Preis für Übernachtung und war angenehm
überrascht … es war die Hälfte des Preises

meiner ersten Übernachtungen; das bedeutete, dass der Vermittler hohe Vermittlungskos-
ten hat. Als ich dasselbe Zimmer erhielt, Nr.
303, fühlte ich mich gleich zu Hause, in meinem ‚eigenen' Heim.[129]

Ich war gut ausgeruht, bequem und bereit,
eine erste Zusammenfassung zu machen und
auch am folgenden Tag einige notwendige
Einkäufe zu tätigen. Einkaufen ist fast eine
Strafe für mich, doch wenn es nötig ist, füge
ich mich. In Anbetracht meiner allgemeinen,
gegenwärtigen persönlichen Lage, und weil ich
in Deutschland keinen Zugang zu meinen
persönlichen Habseligkeiten hatte (seit länge-
rer Zeit), benötigte ich unbedingt Hosen, Hem-
den und andere Dinge. Es ist leichter, in der
Türkei einzukaufen, denn die Sachen haben
gute Qualität und auch einen vernünftigen
Preis. Warum sollte ich also in Deutschland
einkaufen und den doppelten oder dreifachen
Preis bezahlen!? Meine Bedürfnisse und auch
meine Neugier veranlassten mich, nochmals
zum Basar in Izmir zu gehen. Ich schrieb schon
früher, dass ich die Atmosphäre in den türkischen Basaren liebe, daher vergehen mir dort
4 oder 5 Stunden sehr schnell, und ich kaufte
alles was ich wollte dort.

Offensichtlich hatte ich nun viel mehr
Gepäck als vorher. Ich fuhr wie ein Kamel be-
laden zum Flughafen und dankbar, dass dieser nicht zu weit entfernt lag!

---

[129] ich hatte länger kein richtiges Zuhause-Gefühl

Am Flughafen kaufte ich mir etwas für meine Seele: eine schöne Buchausgabe von dem türkischen Autor Fatih Cimok mit dem viel versprechenden Titel, „Reise zu den sieben Gemeinden".

Ich hatte einen frühzeitigen Rückflug. Ich verabsäumte es, Izmir von oben zu filmen. Das Flugzeug wechselte seine Höhe, stieg über den Nebel, der versuchte, die Stadt einzuhüllen, die darunter sehr romantisch aussah.

„Wie schade!" So hatte ich noch etwas, das ich beim nächsten Mal ,vervollständigen' konnte!

Als letzte Erfahrung dieser Reise lernte ich, die Todesfurcht zu überwinden. Ich meine, bis jetzt hatte ich darüber nie ernsthaft nachgedacht, und sogar wenn ich darüber nachdachte, bezog ich mich nicht ein. Ich glaube, dass die meisten von uns ebenso denken, das wird durch unseren Lebensstil bestätigt.

Plötzlich kamen Turbulenzen auf, und mir wurde schmerzhaft bewusst, dass ich nun ebenso in meine unangenehme Lebenssituation zurückkehren musste und es daher besser wäre, zu sterben.

„Warum sollte ich leben, wenn ich nicht gebraucht werde?". Jetzt war ich dem Himmel ‚näher'! Noch wichtiger: Ich war bereit zur Abreise.

Ich erinnerte mich an die Worte des Apostel Paulus: *„Denn das Leben ist für mich Christus und das Sterben Gewinn ..."* Jetzt verstand ich das besser und konnte mich damit identifizieren. Dann schreibt Paulus im nächsten Vers, dass *„das Bleiben im Fleisch aber ist nötiger um euretwillen."*[130]

Mein einziger Lebenszweck ist es, Gott zu dienen, solange Er willens ist und mich braucht. Wenn Sein Wille vollendet ist, so ist mein Wunsch, dass Er mich sofort zu Sich nimmt. Nein, ich habe keine Angst vor dem Tod!

Es war ein seltsames positives und siegreiches Gefühl.

Hatte ich die Erfahrung in Philadelphia vergessen? Im Augenblick ja! Vielleicht um die richtige Haltung gegenüber dem Tod zu haben. An diesen Fragen musste noch gearbeitet werden.

„Werde ich gebraucht? Wo? Wie?"

---

[130] Phil. 1:21-24

Das Leben geht weiter, was bedeutet, dass Gottes Absichten darin hundertprozentig sind. Seine Absichten zu entdecken und zu erkennen – das ergibt Sinn im Leben!

Kapitel

31

Die neue Herausforderung

Sofort nach meiner Rückkehr von der Reise zu den Sieben Gemeinden, sandte ich nach Mauritius[131] folgendes E-Mail:

„Ich kann meine Lage nicht verändern, aber ich kann auch nicht die ganze Zeit davon abhängig sein. Es ist Satans Ziel, uns in unseren Problemen gebunden zu halten. Nein! Probleme müssen an unseren Herrn abgegeben werden, und Er wird das Richtige tun, zu Seiner Zeit … So im Vertrauen zu handeln, sehe ich einen neuerlichen Besuch Eurer schönen Insel und Euch zu dienen im Bereich der Möglichkeit …".

Nach vier Stunden (!) erhielt ich Antwort:

„Wenn Du im Januar 2002 kommst, hätten wir die große Freude, Dich in allen unseren Gemeinden, mit denen wir zusammenarbeiten predigen und lehren zu lassen … Hab keine Sorge, wir sind hier, um Dir zu dienen …"!

---

[131] kleine Insel, 60/40 km im Indischen Ozean (20°/57°), seit 1968 unabhängig, Mitglied des Commonwealth, republikanische Struktur von 1992, ca. 1,3 Mio. Einwohner

Mauritius - Tombeau Bay

Ich muss die rasche, solide und sehr fach-
kundige Organisation meines Dienstes dort
betonen. Es gab regelmäßigen Austausch übers
Internet in Abständen von zwei Tagen. Ich
kann mich nicht an eine andere so gute Organisation erinnern, die nach dem Motto handelte: „wenn wir Gott dienen sollen, so wollen
wir das nach besten Kräften tun." Ich wurde
sowohl im Gebet als auch praktisch von christlichen Freunden unterstützt (Gaben von meiner Mutter, meiner dänischen Gemeinde und
Günther, einem christlichen Bruder).

Die Durchführung bestätigte die Vorbereitungen und nicht nur das. Ich war zutiefst von
der wunderbaren christlichen Atmosphäre
berührt. Ich hatte viele kostbare Menschen
kennen gelernt, deren Hingabe, Wärme und
Liebe mir oft die Tränen in die Augen trieb,
wenn ich daran dachte.

Die Tochter des Pastors und ihr Ehemann
luden mich ein, mit ihnen in ihrer Wohnung

zu wohnen. Ihre Gastfreundlichkeit will ich gar nicht erwähnen, denn dafür gibt es in keiner Sprache ein passendes Wort, um zu beschreiben, wie erstaunlich diese war. Ich lebte wie das Volk von Mauritius, was sehr verschieden von luxuriösen Hotels ist, aber sehr behaglich.

Es gab einige erstaunliche Verbindungen zur Türkei. Gott hatte meinen neuerlichen Besuch in Mauritius wegen der Türkei möglich gemacht. Der Hauptpunkt in meinen Predigten in diesen 10 Gemeinden auf Mauritius (wo ich das Vorrecht hatte, zu dienen) waren die Sendschreiben zu den Sieben Gemeinden aus der Offenbarung, und zwar in größeren Einzelheiten. Mauritius war der erste Platz, an dem ich von meinen persönlichen Erfahrungen in der Türkei berichtete und auch Dias von dort zeigte. Die Frau des Pastors gab mir auch einige sehr eigenartige Informationen! Sie erzählte mir, dass seit einiger Zeit das Hauptaugenmerk bei Frauentreffen auf Weltmission gelegt wird. Dazu werden Papierstreifen mit den Namen verschiedener Länder unter den Teilnehmerinnen für Gebetsanliegen verteilt. Auf ihrem Papierstreifen stand ‚Türkei'. Sie verstand nicht warum, aber sie betete treu für dieses Land, und jetzt kennt sie den Grund.

Der zweite Teil meines Dienstes auf Mauritius – Seminare über die Grundlagen des Christlichen Glaubens – wurde nur in einer Gemeinde abgehalten.

Natürlich gibt es dort, wo christliche Dienste abgehalten werden, auch Schwierigkeiten. Im Falle von Mauritius waren sie sowohl geistlicher als auch ökologischer Art. Das geistliche Hauptproblem schien die mangelnde Einheit unter den Gläubigen, Gemeinden und gemeindlichen Organisationen zu sein, obwohl fast alle derselben Glaubensrichtung angehören. Interessanterweise war jede Gruppe und jeder Einzelne für sich allein wunderbar. Sie hatten aber Schwierigkeiten, Einheit zu zeigen. Natürlich ist dies Gegenstand von Gebet und Taten, was ich beides ernsthaft von meinen Lesern verlange.

Ich habe auch ein ungewöhnliches ökologisches Hindernis erlebt, einen sehr heftigen und starken Zyklon, namens ‚Dina‘, der die Insel während des Seminars ‚durchkämmte‘. Die Leute sagten, sie könnten sich nicht an so einen wild gewordenen Zyklon während der letzten 20 Jahre erinnern, der eine Geschwindigkeit von über 200 km/Std. hatte. Gott sei Dank, dass niemand getötet wurde, doch gab es beträchtlichen materiellen Schaden; z.B. sah ich riesige umgeworfene Container. Ärgerlich war auch, dass wir die ganze Woche hindurch keinen Strom hatten, besonders im Alltag, und so verwendeten wir Kerzen während unserer Zusammenkünfte (das war irgendwie behaglich!)

Mein neues Leben ging sehr interessante Wege! Am Anfang hatte ich schreckliche dämonische Angriffe, wo ich meinen ‚letzten Pfennig'[132] verloren hatte, fast alles, wofür ich gearbeitet hatte. Dann verwendete Gott einige Freunde und eine kleine dänische Gemeinde, als geistliche Grundlage für meine Reisen in die Türkei und nach Mauritius.

Ich glaube, dass dies haargenau Gottes Führung ist, was ich sowieso nicht verstehen kann, doch mein einziger Wunsch ist es, Gott zu dienen!

PS

Einige Stunden nach meiner Rückkehr von meiner Reise zu den Sieben Gemeinden bekam ich eine Kehlkopfentzündung und verlor meine Stimme. Die 15°C Unterschied und das ständige Erzählen über meine Reise, hatten mich veranlasst, zu ‚schweigen'.

Wahrscheinlich ist jetzt die Zeit, das Schreiben zu beenden ... bis zum nächsten Mal!

---

[132] *„Wahrlich, Ich sage dir, du wirst nicht von dort herauskommen, (aus der Sklaverei Satans) bis du auch den letzten Pfennig bezahlt hast."* – Matt. 5:26

Statistik:

Gesamte Reise:

987,75 Kilometer
69:34 Stunden
14,2 km/Std.

Etappen:

1. 122,7 km – 9:23 Std.
2. 107,1 km – 7:24 Std.
3.   72,8 km – 4:13 Std.
4.   43,3 km – 2:45 Std.
5. 116,3 km – 8:20 Std.
6. 196,5 km – 10:29 Std.
7.   72,2 km – 5:53 Std.

Alle zusammen:
730,9 km; 48:27 Std.; 15,09 km/Std.

Material:

Digital Video Film – 3,5 Std.
Dias – ca. 100
Bücher und Führer
persönliche Kontakte

Empfohlene Literatur

- My big Father (Mein Großer Vater) – Bruce Farnham, STL Books, 1985, ISBN 0–903843–89–7
- Praying throughout Turkey (Betend durch die Türkei) – Andrew Jackson und George Otis, 1999, Wagner Institute Publications, ISBN 1–58502–000–1
- Islam and Christian Witness (Islam und Christliches Zeugnis) – Martin Goldsmith, OM Publishing, 1982, ISBN 1–85078–090–0
- 1000 und eine Geschichte – abenteuerliche Begegnungen im Orient – R. Gerhardt, R. Werner, Hänssler, 1990, ISBN: 3–7751–1531–5
- Reise zu den Sieben Gemeinden – Fatih Cimok, A Turizm Yayinlari, 1999, ISBN 975–7199–68–0
- Unveiling Islam (Entschleierter Islam) – Ergun & Emir Caner, Kregel Publications, 2002, ISBN 0–8254–2400–3
- The Epistles to the Colossians, to Philemon and to the Ephesians (Brief an die Kolosser, an Philemon und an die Epheser) – F.F. Bruce, 1984, Eerdmans Publishing Company, ISBN 0–8028–2401–3
- Tief ist der Brunnen der Vergangenheit – Jörg Zink, Kreuz Verlag, 1988, ISBN 3–7831–1817–4
- W słońcu Hellady (In der Sonne von Hellas) – Stanisław Hadyna, PAX, 1968,
- Sen o Troi (Der Traum von Troja) – H. A. Stoll: Nasza Księgarnia, 1980
- Mity Greków i Rzymian (Der Mythos der Griechen und Römer) – Wanda Markowska, Iskry, 1968
- Türkische Mittelmeerküste – Marco Polo, 1998
- Türkei, Westküste – ADAC, 1998
- Türkei – Ägäisküste, Istanbul (6) – Bild Atlas, 1991

Einige andere
Veröffentlichungen

Stan Malina
VON TARSUS NACH DAMASKUS
Fahrradreise: auf den Spuren der zwei Geburtsstätten des Apostel Paulus
Zehn Monate nach der Reise zu den Sieben Gemeinden, flog Stan mit seiner Silberne Krone nach Adana im Süden der Türkei, von wo er seine nächste sehr herausfordernde Reise begann. Er entdeckte viele wichtige Funde und machte Erfahrungen, die in diesem Buch detailliert beschrieben sind.
erhältlich 2008

Stan Malina
EUROPA FÜR JESUS
Fahrradreise: auf den Spuren des Anfangs des Christentums in Europa
In Vorbereitung

Maurice Framboise
LIEBE, WO BIST DU ?
Vollkommene Wahrheit und doch völlige Fantasie
Der deutsche Organist Asmus lernte während seiner Konzerte in Ungarn eine polnische Pianistin, Margie, kennen und verliebte sich in sie, aber ... Es gibt vier mögliche fantasievolle Endungen in dieser Geschichte.
erhältlich 2008

Stan Malina
LIEBE, DA BIST DU!
in Vorbereitung

Sandra Malina
WAHRE LIEBE (TRUE LOVE)
Sandra ist in diesem Buch sehr transparent, damit ihre Erfahrungen für Diejenigen, die nicht weniger als das Beste von Gott für ihr Leben haben wollen, hilfreich sind!
in Vorbereitung

Sandra Malina
CONFUSED YEARS (VERWIRRTE JAHRE)
frühe Gedichte (Englisch)
… Probleme sind ein natürlicher Teil des Lebens, aber das Leben kann viel leichter sein mit Jesus an deiner Seite!

Inhaltsverzeichnis